FOR2

FOR pleasure　FOR life

現代佛法十人——二

洪啟嵩
黃啟霖
主編

太虛

佛教的改革者

目錄

菩薩行與自述

世苑與《海潮音》

遊記

時局

出版者序——一個讀者的觀點

郝明義

一

今天在臺灣，佛教是很普及的信仰。無論顯密，各門宗派，都有信眾扶持；四大山門固然如此，其他亦然。並且，即使不是佛教徒，許多人也都願意在日常生活裡親近佛法、佛經，譬如手抄《心經》。

上個世紀末，兩岸開始來往，許多對岸來訪者讚嘆中華文化的傳承在臺灣，其中也包括了佛教文化。所以，我們很容易以為從兩千五百年前釋迦牟尼說法，到一千四百年前達摩東來，再到一九四九年之後佛教在臺灣如此興盛，是一條自然的傳承之路。

事實則不然。

佛教在中國，到唐朝發展到高峰，有多種原因。一來是當政者的支持，二來有雄厚的國力，三來有出類拔萃的修行者。三者聚合，氣象萬千。

但，佛教也在唐朝經歷了滅佛的大落。其後歷代，再難有唐朝的因緣際會，也就逐漸只知固守傳統，難有可比擬的開放與創新精神進入清朝，佛教的萎靡與俗化，日漸嚴重；到了太平天國席捲半壁江山，對佛教造成進一步嚴重破壞。所以，到了清末民初之際，佛教在翻天覆地的中國已經只能在世俗化中苟延殘喘，甚至頹廢。

民初的武俠小說，寫到廟庵、僧尼，常出現一些藏污納垢的場面，可以讓人有所體會。

五四運動前後，隨著全盤西化的呼聲高漲，佛教更淪為時代應該淘汰的腐朽象徵；寺產也成為各方或是覬覦侵奪、或是倡議充公興學的對象。在大時代的海嘯中，佛教幾近沒頂。

但也就在那風暴中，有些光影出現。

開始的時候，光影是丁點的，微弱的，分散的。

逐漸，光亮起來。

於是我們看到一些人物登場。

他們各有人生路途上的局限和困頓，但卻以不止歇的修行，一步步清澈自己對佛法的體認。

有人家世良好，大可走上官宦之途，卻淡泊名利，刻經講經，點燃照亮佛法的火種。

有人看盡繁華紅塵，走上自律苦行之路，成為他人仰之彌高的人格典範。

有人歷經窮困和親人死別的痛苦，在悲憤中註釋佛經，淬鍊出一家之言。

有人學歷僅至小學三年級，卻能成為「當代玄奘」。

有人穩固佛法的傳統和價值。

有人努力在現代語境和情境中詮釋修持佛法的意義和方法。
他們成長的背景不一，年齡有別，途徑有異，但他們燃燒推廣佛法的熱情如一。
在漆黑如墨的黑暗中，他們更新了過去數百年佛法一路萎靡不振的軌跡。
在狂風暴雨中，他們發出了震動大地的獅子吼。
是他們播下了種子，使佛法在接下來的戰亂年代得以繼續一路延伸支脈——直到一九四九年後來臺灣，也向亞洲以及世界開花散葉。
他們是現代佛法十人。

二

我是在一九八九年第一次看到有關這十個人的一套書。
當時，我剛接觸佛法，十個名字裡，只認識「弘一」和「虛雲」。其餘的楊仁山、太虛、歐陽竟無、印光、圓瑛、呂澂、法尊、慈航，都很陌生。
在那個對佛法的認識十分懵懂的階段，我打算先從認識的兩位開始，逐年讀一本書，認識這些人。
但時間過去了三十年，直到二〇一九年，我都只讀到第三本，認識到第三個人「太虛」而已。一方面是懶惰，總有藉口不讀；另一方面，也是因為光前三本書已經讓我覺得受用不盡。

開始的時候，我讀弘一大師和虛雲大師的書比較多。

讀弘一大師，是因為多少知道他的生平，因此對照著他紅塵繁華的前半生，讀他後半生清明如水的修行心得，當真是可以體會何謂雋永。經常一、兩句話，就能銘記在心。

讀虛雲大師，主要收穫在他的禪七開示。那真是深刻的武林祕笈，能把說起來很簡單、做起來很奧祕的心法講得那麼透徹，就算只能在門外徘徊，都覺得受益匪淺。

虛雲大師一生波瀾起伏，尤其文革時歷經紅衛兵的折磨，還能以一百二十歲圓寂，實在是傳奇。

而對第三位太虛大師，我的認識就沒那麼多。

儘管讀他的書，多年來卻一直只停留在書裡一小篇文章上。那篇文章叫〈佛陀學綱〉，是他在民國十七年一場演講內容所整理出來的，全部也不過十九頁，只占全書很小的比例。但這一小篇文章，多年來我反覆閱讀，總會得到新的提醒和啟示，又總會有新的疑問與要探究之處。

〈佛陀學綱〉，從文章標題就知道，作者要談的是每一個人如何通過學習而覺悟，向佛陀看齊的綱領。

人人皆有佛性，也就是人人皆可通過學習而讓自己的生命層次向佛陀看齊。但是太多人只想膜拜自己的上師，卻完全不敢想像自己也可能開發出有如佛陀的覺性。太虛大師講〈佛陀學綱〉，正是要提醒我們學佛的唯一目的，也解釋他所看到的途徑。

當然，多少世代的高僧大德都在做同樣的事情、多少經典在指引的都是同樣的事情，但是大約一百年前太虛大師講〈佛陀學綱〉，有格外特別之處。

《二〇〇一太空漫遊》（*2001: A Space Odyssey*）作者亞瑟・克拉克（Arthur C. Clark）說過：科幻小說的時空背景不能寫得太近，以免很快過時；但也不能太遠，以免無感。我覺得討論學佛的文章也有類似的課題：不能太通俗，以免只是對善男信女的心理勵志、道德勸化；也不能太高深，以免令人望之卻步。

〈佛陀學綱〉無論談的內容還是用的文字、抑或是概念或方法，都正好不近不遠。

我很滿足，也很忙碌，所以就停留在第三本書的這一篇文章上，一直沒有再看書裡的其他部分，當然也就更沒有動機想要再看其餘的書。

直到二〇二〇年秋天。

三

COVID-19疫情橫掃全球，改變了每一個人的生活。

無常，成了新的常態。

社會上各個領域都在面對工作方式、生活方式的顛覆；過去穩定可靠的資源、經驗、能力，成為泡影。

我們置身一個黑暗又混亂的時代。

我相信，當外界的一切都不足恃，甚至成為干擾來源的時候，每個人都需要喚醒自己內在的覺性。

而說到覺性，當然也莫過於佛法說明的透徹。

因此我重讀〈佛陀學綱〉。也因為疫情的影響，包括差旅減免而多出時間，這麼多年來，我第一次把太虛大師那本書的其他部分也讀了。

很震撼。

震撼於太虛在書裡其他文章敘述他個人修行之路的關鍵突破時刻、他對推廣佛法種種視野與擘畫的光芒，也震撼於我自己怎麼枉守著如此寶藏三十年卻目光如豆。

我也想到：連第三本書都如此了，那其他的七本書呢？我早該認識的其他七個人呢？

同樣是克拉克在他那本小說裡說的一句話：「他們身處豐饒之中，卻逐漸飢餓至死，」說的真是我。

接下來的時間，我一方面急著狼吞虎嚥這套書，一方面也決定趕快和原編者討論，看如何把這套早已絕版的書重新出版。

四

《現代佛法十人》是洪啟嵩和黃啟霖兩位編者在一九八七年出版的書，原始書名是「當代中國佛教大師文集」。

去年讀這個系列，瀏覽十個人的身影，他們雖然都是對佛法有堅定不移的信念，但因為各自成長背景不同、行動的途徑也不同，著真在大時代裡形成了雄偉的交響樂，也各自展現了不同的力量。

楊仁山，出身於官宦世家，科舉功名就在手邊的人，卻因為偶遇一部《大乘起信論》走上終身護持、推廣佛法的路。他沒有出家，卻以自己的人脈和資源，在國內融會譚嗣同、章太炎等一時之選的學者參與佛法討論；在國際進行佛經的交換出版，以及佛教文化的國際交流。

他的「祇洹精舍」雖然只辦了短短兩年時間，就學的人數也只有僧俗十來人而已，但其中太虛和歐陽竟無兩位，分別為清末民初的出家學僧和在家佛教學者打開了新路，對接下來佛教的發展有決定性的影響。

在最深的黑暗中，最小的光亮最燦爛。楊仁山讓我見識到什麼是星星之火的力量。

太虛大師，小楊仁山大約五十歲。

他的家庭背景和成長之路，和楊仁山完全不同。自幼父親去世，母親改嫁，和外祖母一起生活長大，後來去百貨行當學徒。

太虛在十六歲出家。但出家的源起，並不是因為對佛法的渴望，而是因為當學徒的時候看了許多章回小說，仙佛不分，想要求神通。

幸好出家後得有親近善知識的機緣，走上真正佛法修行之路，終於在有一天閱讀《大般若經》的過程中，大徹大悟。

而太虛難得的是，有了這樣的開悟，他本可以從此走上「超俗入真」之路，但他卻反向而行，「迴真向俗」，要以佛學救世，並且實踐他「中國佛教亦須經過革命」的宏願。

他接續楊仁山辦祇洹精舍的風氣，持續佛學研究；創辦武昌佛學院，帶動佛教舉辦僧學的風氣；創立「世界佛教聯合會」，首開佛僧去歐美弘法的紀錄。

太虛有許多弟子，法尊、慈航都是。印順法師也是。

太虛大師讓我看到：一個已經度過生死之河的人，重新回到水裡，力挽狂瀾的力量。

歐陽竟無，比太虛大師略為年長，大十八歲。

他也是幼年喪父，家境清寒。但他幸運的是有一位叔父引領他求學，博覽經史子集，旁及天文數學。

清廷甲午戰敗後，歐陽竟無在朋友的引介下，研讀《大乘起信論》、《楞嚴經》，步入佛學，從此決心以佛法來救治社會。

他一生孤苦，接連遭逢母、姊、子、女等親人死別之痛，因而自述「悲而後有學，憤而後有學，無可奈何而後有學，救亡圖存而後有學」。

歐陽竟無因為在祇洹精舍就學過，楊仁山去世時，把金陵刻經處的編校工作咐囑於他。後來國民革命軍攻南京，歐陽竟無在危城中艱苦守護經坊四十天，使經版一無損失。

歐陽竟無不只奔走各方募資刻印經書，也在蔡元培、梁啟超、章太炎等人協助下成立支那內學院，與太虛大師所辦的武昌佛學院齊名，對近代中國佛教有著重大的影響。

歐陽竟無最讓我嚮往的，是梁啟超聽他講唯識學的評語：「聽歐陽竟無講唯識，始知有真佛學。」

後文將提到的呂澂，是歐陽竟無的傳人。

歐陽竟無，讓我看到一個人力撐巨石，卻仍然手不釋卷的豪氣。

虛雲大師的一生都是傳奇。

早年家裡一直阻撓他出家，他逃家兩次，到十九歲終於落髮為僧，進入山裡苦行十四年。接著他遇見善知識，指點他苦行近於外道，這才走上真正依據佛法修行之路。

他參訪各地，不只行遍中國，進入西藏，還翻越喜馬拉雅山，到不丹、印度、斯里蘭卡、緬甸等地。

五十六歲那一年，虛雲要去揚州高旻寺參與打十二個禪七的職事，途中不慎落入長江，差點送命，結果傷後無法擔任職事，只能參加禪七。

但也在這次禪七中，虛雲徹悟，出家三十七年後，終於明心見性。他悟後作偈：「燙著手，打碎杯，家破人亡語難開。春到花香處處秀，山河大地是如來。」從此他的修行又是另一番境界。

太虛著眼推動的是整體僧伽制度的革新，而虛雲則是聚焦在自己親自住持的寺廟進行該有的重建和整頓，掃除當時寺廟迎合世俗的陋習，同時進行傳戒、參禪、講經，以正統佛法來培養弟子。

而虛雲最特別的是：他一人兼了禪宗五門法脈，所以是不折不扣的禪宗大師。讀虛雲大師談參禪的文字，他簡潔有力的言語躍然紙上，完全可以體會何謂「當頭棒喝」。虛雲大師還有個傳奇，就是他到一百二十歲才圓寂。這還包括他在文革時曾經遭受紅衛兵四次毒打的經過。

虛雲大師展現的是一種在八方風雨中，衣帶不沾漬污的功力。

弘一大師生於一八八〇年。他的生平，大家耳熟能詳。

他前半生的風花雪月，造成他出家後對自己修行的要求也異於一般。他出家之後，「不收徒眾，不作住持，不登高座」，並且總是芒鞋破衲，飲食、起居上也是極其刻苦。中文「嚴以律己」，用在弘一身上是最好的例子。

出家人本來毋須用「風骨」來形容，但是看豐子愷等人和弘一大師的來往，看他孑然獨行的身影，總不能不想到這兩個字。

偏偏這位看來行事最不近人情的弘一大師，我相信應該也是現代佛法十人裡最為人熟知的一位。因為他廣結善緣，為人書寫偈語、對聯。

弘一在出家後，本來準備拋棄一切文藝舊業，但接受了書寫佛語來為求字人種下淨因的建議，重新提筆，也因而有了自己弘法的無上利器。

今天中文世界裡的人，無論是否學佛，總難免接觸、看過弘一大師留下或者與佛法直接相關，或者間接有關的偈語、對聯。

我自己每隔幾年就會看到他寫的一句話要，背誦一陣。像最近，就是他的「一生求佛智，精進無異念」。太虛大師對弘一大師的讚嘆是：「以教印心，以律嚴身，內外清淨，菩提之因。」

弘一大師有律宗第十一代世祖之美譽。

我看他的身影，像是單衣走在冷冽的風雪中，手中卻提了一個始終要給人引路的燈籠。

弘一大師獨來獨往，卻說有一個佩服的人，甚至親自寫信給他，說「願廁弟子之列」。

這人就是**印光大師**。

印光生於一八六一年，早年也有兩次逃家出家的紀錄；但和弘一不同的是，印光有淨土宗第十三代祖師之稱。

和弘一相同的是，印光也不喜攀緣結交，不求名聞利養，始終韜光養晦，並且一生沒為人剃度出家，也沒有名定的弟子傳人。

印光大師相信念佛往生淨土法門，是「一法圓賅萬行，普攝群機」，所以一生專志念佛法門，開示常說的話就是「但將一個死字，貼到額頭上，掛到眉毛上」。

但這麼一個但求與世遠離，把修行純粹到極點的人，卻並不是與世隔絕。一九二三年，江蘇省提出要以寺廟興學的政策，當時六十多歲的印光大師就為了保教護寺，不遺餘力地奔走呼籲，扭轉危機。

並且，他一生省吃儉用，信眾給他的奉養，全都用來賑濟飢民，或印製佛書流通。

印光大師八十歲圓寂之時，實證「念佛見佛，決定生西」。

印光大師顯示的是精誠所至，開山鑿石的力量。

圓瑛大師生於一八七八年，略長於太虛。

圓瑛和太虛曾經惺惺相惜，義結金蘭。兩人雖然都有志於對當時的佛教進行改革，可後來步伐不同。太虛主張銳進改革，而圓瑛則主張緩和革新。

不過這絕不是說圓瑛的行動比較少。

民國建立後，兩次所謂「廟產興學」的風波，都因為圓瑛在其中扮演關鍵性角色而度過危機。

一九二〇年代，圓瑛就到東南亞各國弘法，還曾來過臺灣。

一九三〇年代，對日抗戰期間，圓瑛擔任中國佛教會災區救護團團長，組織僧侶救護隊，輾轉於各地工作，也再赴東南亞各國募款以助抗日，回上海後還一度被日本憲兵隊逮捕。

圓瑛大師博覽群經，禪淨雙修，沒有門戶之見，自稱「初學禪宗，後則兼修淨土，深知禪淨同功」，尤其對《楞嚴經》的修證與講解有獨到之處，有近代僧眾講《楞嚴經》第一人之稱。

圓瑛大師顯示的是穩定前行，無所動搖的力量。

呂澂生於一八九六年，是歐陽竟無的弟子。

一九一一年，當歐陽竟無擔任金陵刻經處編校出版工作時，當時就讀南京民國大學經濟系的呂澂常去購買佛書，因而結緣。後來呂澂退學之後，一度去歐陽竟無開設的研究部研讀佛法，再去日本短暫研讀美學後，回國擔任教職。

一九一八年，呂澂受歐陽竟無之邀，協助創辦支那內學院，從此遠離世俗，專心於佛學研究與教學。到支那內學院正式創立，歐陽竟無擔任校長，呂澂擔任學務主任，與當時太虛大師所創辦的武昌佛學院，形成為兩大佛教教育中心。

歐陽竟無對楊仁山執弟子之禮，呂澂又是歐陽竟無的弟子，三代薪火相傳，不只是佳話，也是時代明炬。

呂澂從此一直陪伴歐陽竟無，除了度過北伐軍占領內學院的危機，抗戰時期還把內學院藏書與資料遷移到四川。歐陽竟無去世後，呂澂繼任院長。直到中共取得政權後，一九五二年內學院才走入歷史。

呂澂智慧過人。他自修精通英、日、法、梵、藏、巴利語，研究佛學的視野寬廣，當時無人能及。也因此，呂澂的譯著和著作俱豐；不但能寫作入門書籍，也能有深入研究的專門論述，解決許多佛教遺留的歷史問題。

因為呂澂字「秋子」，歐陽竟無也稱他為「鶖子」。「鶖子」是釋迦牟尼佛十大弟子中智慧第一的舍利弗的華文譯名。

呂澂讓人看到燦爛奪目的火炬之美，與力量。

法尊法師生於一九〇二年。

法尊留給後人的也是驚異與讚嘆。

他本來只有小學三年級的學歷，出家後成為太虛大師創辦的武昌佛學院第一期學僧，之後他不畏艱險去西藏留學十二年，讓自己的藏文造詣登峰造極，經論也通達顯密，因而有「當代玄奘」之譽。

法尊法師對漢藏文化交流的貢獻，不是單向的。他不只是從藏文翻譯了重要譯作如《菩提道次第廣論》、《密宗道次第廣論》、《宗喀巴大師傳》等書，尤其值得一提的是他花了四年時間，把兩百卷的《大毘婆沙論》從漢文譯為藏文。

雖然他原訂要再譯為藏文的一百卷《大智度論》並沒有進行，但光是把《大毘婆沙論》從漢文譯為藏文已經是不滅的事蹟。

法尊法師讓人看到像是一個人在巨大的冰山前，融冰為水的力量。

慈航法師生於一八九五年，也是太虛大師的門下。

他家境貧寒，父母早逝，跟人學習縫紉，因為常去寺院縫僧衣，羨慕出家人，因此起了出家的念頭。

但因為他沒讀過什麼書，所以出家十多年，還沒法讀懂佛經。後來，他發憤苦讀唐大圓編撰之《唯識講義》，自修多年終於精通唯識。

之後，慈航法師跟隨太虛大師至各處弘法，從中國而南洋各地。尤其一九三九年之行，太虛大師返國後，慈航法師繼續在南洋弘法十多年，所到之處，皆倡議創辦佛學院、佛學會。

一九四七年太虛大師圓寂後，慈航法師用「以佛心為己心，以師志為己志」來表達他對太虛大師「人間佛教」的追隨及實踐。

到一九四八年，慈航則決定來臺灣開辦佛學院，是當時來臺灣傳法的先行者。在那個年代，這條路當然有風險。因為從大陸來投靠慈航法師的學僧多起來，他一度被舉報匪諜而被捕。

慈航法師出獄後繼續在臺北日夜開講不同的佛經，感動多方發心捐助成立彌勒內院，禮請慈航法師主持，而終於使他和大陸來臺學僧都得到安頓。

慈航法師講學內容包括《楞嚴經》、《法華經》、《華嚴經》、《成唯識論》及《大乘起信論》等諸經論，使得彌勒內院成為一時最具影響力的佛學教育中心。

一九五四年，慈航法師於關房中安詳圓寂。他示寂前要求以坐缸安葬，五年後開缸。而五年後大眾遵囑開缸，見其全身完好，成就肉身菩薩。

慈航法師讓人見識到水滴成流，匯流出海的力量。

五

感謝洪啟嵩和黃啟霖兩位佛弟子在當年就有識見與能力，收納、編輯了這十個佛教關鍵人物的文集。

三十年來我以讀者身分受益，今天很榮幸有機會以出版者身分為大家介紹《現代佛法十人》。

希望大家也都能找到屬於自己的啟發。

《現代佛法十人》編者新序

洪啟嵩

一切故事，開始於兩千五百年前，佛陀在菩提樹下的悟道。

佛法是什麼？佛法即是緣起法，這是佛陀在菩提樹下，所悟的真諦實相，淨觀法界如幻現空，行於世間而無所執著，即是中道。

佛法是法界實相，非三世諸佛所有，佛法超越一切又入於一切。正因為佛法的空性、無執，使其在傳播的過程中，柔軟地和不同時空因緣結合，呈現出豐富多元的覺性風貌。

佛陀對一切文字平等對待，鼓勵以方言傳法，歡喜大家使用各自的語言情境習法。如《五分律》中說：「聽隨國音讀誦，但不得違失佛意。」

因此，讓諸方文字的特性，成為覺的力量，以「文字般若」導引「觀照般若」而成就「實相般若」，才是佛陀的原意。對於佛陀而言，能開悟眾生的就是佛陀的語言。在漢傳佛教浩瀚廣博的經藏法要中，我們看到這個精神的具體實踐。

而其中所謂成為「文字般若」的語言，必須具有三種特性：一、準確性，能傳持佛法依準其意而不失。二、鏡透性：能鏡透佛法體性，將其實相內義清明鏡透。三、覺動性：精準其語，鏡透於義，並能成為驅動眾生自覺自悟的力量。

漢傳佛教中，對這樣的「文字般若」特性，一直保持著良好傳承。這可以從三個面向來談：

一、漢傳佛教擁有最悠遠長久而無中斷的傳承。

相對於中國佛教，印度佛教的傳承是最原始的，但可惜在一二〇三年傳承中斷了。而斯里蘭卡從阿育王子摩哂陀於西元前二四七年，將佛法傳入之後，雖然也有很長的歷史，但可惜於十六世紀受到葡萄牙、荷蘭等殖民而中斷過。而漢傳佛教是長遠不斷並且對於教法能清楚明記。

二、漢傳佛教擁有世界佛教教法的總集，有著最完整的般若文本。

如大乘佛教中，龍樹菩薩最重要修法傳承的《大智度論》百卷及部派佛教中說一切有部最完整重要的論本《大毘婆沙論》兩百卷，梵本皆已佚失，只剩下漢文傳本。而漢傳佛教擁有各部派與大乘佛教的最完整文本。

三、漢傳佛教擁有佛法開悟創新的活泉。

唐代對佛法的會悟闡新，可視為漢傳佛教開悟創新活泉的代表。如六祖慧能所開啟的南宗傳承，直到當代世界依然傳持不斷，前期如有世界禪者之稱的鈴木大拙，及近期的越南一行禪師，皆出於南宗臨濟禪門，在世界上有其強大的影響。而在《現代佛法十人》系列的大師們，更讓世人明見，在清末民初全球動盪的大時代，為了紹承佛法，守護眾生慧命，摩頂放踵、為法忘軀的大師身影。

＊

佛教自宋、元、明、清以來，成長已成停滯，甚至每況愈下；尤其明、清以降，只知固守傳統，失去了佛法的開創精神，日益衰微。到了咸豐初年到同治年間更受到太平天國的致命打擊，幾至滅亡。因為太平天國諸王雖不精純於基督教的純正信仰，卻能在「消滅異端」上發起絕然的聖戰。太平天國攻克六百餘座城市，勢力遍及十八省，這些以中國東南一帶為主的地區，原是清朝佛教的精華區域，結果卻在奄奄一息中又受到了致命的打擊。

如此來到清末的大變局，佛教相當於遭逢大時代的海嘯，不只無法適應，更幾至崩解。

就外部而言，在時代環境求新求變的要求下，佛教淪為老舊的象徵；而匹夫無罪懷璧其罪，歷代累積而來的龐大寺產，也成為社會覬覦、侵奪的對象。因此自清末以來廢教之議屢見呼籲；而「廟產興學」，也在清末、民初成為政府與民間名流所流行的口號。此時的寺院不僅傳教無力，甚至連生存都成了問題。

就內部而言，佛教秉持著歷來的殘習，失去了佛法的內在精神與緣起妙義的殊勝動能，只知抱殘守缺，但以儀式為師。明、清以來，佛教的頹敗、陳腐與俗化，以及對時勢潮流與大眾需求的蒙昧，此時更達到極點。然而，也就在這種波瀾壯闊、風雲萬端的時代裡，漢傳佛教出現了一些偉大的英雄人物。他們認知到佛教必須另開新局，力挽狂瀾。偉大的宗教心靈是社會的最後良心，也是生命意義的最終指歸。

因此在一九八七年，我和黃啟霖第一次編纂這套書的時候，首先是因為站在那個時刻反省佛教和當代文明的互動時，回首上世紀初那些人物曾經走過的路程，對他們示現的氣魄與承擔，深有所感。

所以我們選擇了十位對當代佛教影響深遠的大師文集，編輯出版，呈現出他們在風雨飄搖的時代，波瀾壯闊的風範；也因而可以讓後世的佛教徒認知他們做過的努力，進而呼應他們的召喚，為佛法傳播的歷史進程盡一份心力，幫助一切生命圓滿覺悟。

這就是我們編纂《現代佛法十人》這套書的根本動機。

＊

在本系列中，我們選取了楊仁山、太虛、歐陽竟無、虛雲、弘一、印光、圓瑛、呂澂、法尊、慈航等十位大師，作為指標人物。

這十位大師各有其重要的貢獻及代表性。

一、楊仁山：被譽為「現代中國佛教之父」，開創了當代佛教研究新紀元的劃時代大師。

二、太虛：提倡人生佛教，發揚菩薩精神，開創佛教思想新境界，允為當代最偉大的佛教大師。

三、歐陽竟無：窮真究極，悲心澈髓，弘揚闡述玄奘系唯識學，復興佛教文化不世出的大師。

四、虛雲：修持功深，肩挑中國佛教四眾安危，不畏生死，具足祖師德範，民國以來最偉大的禪門大師。

五、弘一：天才橫溢，出格奇才，終而安於平淡，興復律宗，民國以來最偉大的律宗大師。

六、印光：孤高梗介，萬眾信仰，常將死字掛心頭，淨土宗的一代祖師。

七、圓瑛：宗教兼通，保寺護教，勞苦功高傳統佛教的一代領袖。

八、呂澂：承繼歐陽唯識，自修精通英、日、法、梵、藏語，民國以來佛學學力無出其右的大師。

九、法尊：溝通漢藏文化，開創中國佛教研究新眼界的一代佛學大師。

十、慈航：以師（太虛）志為己志，修持立學，開創臺灣佛教新紀元的大師。

十人中以楊仁山為首，是因為在傳承上，民國以來的佛教界，有兩大系最受到海內外的重視，也發生最大的影響。

其一是以太虛為中心的出家學僧，法尊、慈航都是太虛的弟子。

其二是以歐陽竟無為中心的在家佛教學者，呂澂是歐陽竟無的弟子。

而太虛與歐陽竟無皆同從學於楊仁山的金陵祇洹精舍，也可說同出一系。所以對近代中國佛教深有研究的美國學者唯慈（Holmes Welch），稱楊仁山為「現代中國佛教之父」。

而虛雲、弘一、印光與太虛同稱民初四大師；圓瑛長於太虛，並曾相與結為兄弟，雖然其後見解各異，圓瑛仍為傳統佛教的一代領袖。

這樣就可以理解這十位大師在漢傳佛教歷史上的重要地位。

如果再延伸來到臺灣的法脈，他們的影響力就更清楚了：

聖嚴法師系出東初禪師，而東初是太虛的弟子。

星雲法師曾就讀於焦山佛學院，當時學院的院長是東初禪師。

證嚴法師系出印順長老，而印順是太虛的弟子，並受戒於圓瑛法師。

惟覺法師系出靈源長老，而靈源是虛雲大師的弟子。

＊

一九八七年編輯這套書的構想，到今天我們依舊感受鮮明。

臺灣佛教承受民初這些大師的因緣，有了極大的發展，在世化的推廣上，也十分蓬勃。但是當前人類和地球都面臨嚴酷的生存課題，太空世紀也即將開啟新的挑戰，所以我們深信唯有佛法能為這些課題和挑戰開啟新的覺性之路，也深信今天的佛教徒要在內義與實證上都開創出更新的格局。

也正因為漢傳佛教特有的歷史傳承，站到這個新的時代關鍵點上，所以在此刻回顧這十位大師的精神和走過的路，格外有意義。

我們一方面向這些大師所做的傳承致敬，也祈求透過閱讀他們的文字與心得，能讓自己從佛法中悟入更高遠的修證，能在人類、地球、未來最關鍵的時刻裡，找到可以指引新路的光明，也是新的覺性文明！

在此特別感謝郝明義先生，在其倡議下，重新出版這套《現代佛法十人》文集，承繼與呼應新時代的佛法精神。新版的《現代佛法十人》，加入大師們的生平簡傳，並在每篇文章、書信都註明原始出處，並統一重新設計、排版、標點。

《現代佛法十人》的出版，除了向十位大師致敬，也希望這套書能成為現代人覺性修行之路的新起點。

佛教改革第一人——太虛大師

提倡人生佛教，發揚菩薩精神，開創佛教思想新境界，允爲當代最偉大的佛教大師

太虛大師生於一八八九年，浙江海寧人。俗家姓張，學名沛林，法名唯心，字太虛，別號雪山老僧、昧盦等等。

太虛兩歲時父親病逝，五歲時母親再嫁，此後與外祖母生活。幼年體弱多病，到八歲時聽舅父教授講解《四書》，兼說《今古奇觀》之類，理解力頓發。太虛深受一生篤信佛道的外祖母薰陶，幼年隨從外祖母去九華山晉香、朝禮普陀山，沿途禮拜諸佛寺，見寺僧生活而生起歆慕之心。

十三歲開始，他到百貨行當學徒，後因體弱不堪勞務，十六歲出家。他自述最早出家的動機，是因為在百貨行時看了很多章回小說，所以仙佛不分，「吾以慕仙佛神通而出家。」十七歲時，太虛依止水月法師，聽受《法華經》，閒閱《指月錄》、《高僧傳》等，開始用禪錄中「話頭」默自參究。隔年，得與圓瑛因詩文而結交，彼此相互欣賞，至七月，兩人訂盟為弟兄，彼此共許「同究一乘妙旨，同研三藏玄文……同宏大教，同演真詮，乃至最末後身同證菩提，同成正覺」之願。太虛至天童寺，聽道階老法師講《法華經》，才知佛與仙神不同。

十九歲時，太虛再往天童寺，聽道階老和尚講解《楞嚴經》，閱讀《楞嚴蒙鈔》、《楞嚴宗通》而愛不釋手，閒暇時聽道階講《相宗八要》及《五教儀》，於是具有天台教義的基礎。太虛後來聽道階老和尚讚嘆閱讀《大藏經》的利益，心生嚮往，並得圓瑛幫助，為他修書介紹及親自帶他至慈谿汶溪西方寺閱《大藏經》。

是年冬天，太虛閱《大般若經》將盡，身心漸漸凝定。「一日，閱經次，忽然失卻身心世界，泯然空寂中，靈光湛湛，無數塵剎煥然炳現，如凌虛影像，明照無邊。座經數小時，如彈指頃；歷好多日，身心猶在輕清安悅中。」太虛契悟之後，說自己再看《華嚴經》時，「恍然皆自心中現量境界……所有禪錄疑團，一概冰釋，心智透脫無滯。所學內學教義，世諦文字，悉能隨心活用。」

太虛本來準備從此就走超凡入真之路，但是次年當時開僧界新風氣的先行者華山來找他。華山對他力陳世界與中國的新趨勢，以及佛教不快速革新將無法適應時代新潮流。太虛初時不認同，與之辯論十餘天，後來跟華山要了他帶來的書閱讀，包括康有為〈大同書〉，梁啟超〈新民說〉，章太炎〈告佛子書〉、〈告白衣書〉，譚嗣同〈仁學〉、嚴復〈天演論〉等，與華山結為莫逆之交。太虛以佛學救世之宏願，從此勃發不止。他把先前要超俗入真之心，改為迴真向俗之行。

不久，太虛再結識革命僧人棲雲法師，閱讀《民報》、《新民叢書》及鄒容的《革命軍》等書刊，引起他「中國佛教亦須經過革命」的思想。

二十一歲時，太虛在華山和棲雲兩位法師的激勵下，到南京楊仁山創辦的「祇洹精舍」就讀。當時祇洹精舍有十多名學生，但半年後因經費而停辦，太虛因華山推薦到普陀山化雨小學任教員，年底再回西方寺閱藏。

二十二歲時，太虛在廣州期間受粵僧誌光等人邀請，在華林寺講佛學。太虛很快在誌光的獅子林，組織設立佛學精舍，按時講說，並編出《教觀詮要》、《佛教史略》，這是太虛講學著述的開始。

一九二二年，太虛三十四歲時，在李隱塵、陳元白等人的建議下決定創辦養成佛教人才的學校，提出興辦佛學院計畫，在武漢政商各界支持下，創立了「武昌佛學院」，僧俗兼收，目的在造就佛教師範人才，出家者實行整理僧制工作，在家者組織正信會，推動佛教讓廣大的人們有正確的認知或信仰。佛學院參考日本佛教大學的課程設立，管理則參考禪林規制。太虛的建僧運動，發軔於此，中國佛教界始有「佛學院」之名。

同年，太虛在廬山大林寺發起組織「世界佛教聯合會」之議，太虛的世界佛教運動從此開始。兩年後，太虛在廬山召開了「世界佛教聯合會」。

一九二八年，太虛在南京創設「中華佛學會」，並弘化於英、法、德、荷、比、美各國，是中國僧人赴歐美傳播佛教的開始。

太虛在法國學者建議下，於巴黎東方博物館召開會議，發起籌辦「世界佛學苑」，學苑宗旨「昌明佛學，陶鑄文化，增進人生之福慧，達成世界之安樂」，並商定學苑通訊處設立在法國東方博館，及中國南京毘盧寺，之後又增設英國倫敦、美國芝加哥、德國福朗福特三處通訊處。次年四月太虛離開美國後，結束歷時七個多月的歐美五國訪問弘法，將遊歷訪問寫成《寰游記》出版。

二次大戰中日戰爭爆發，太虛以中國佛學會理事長之名義電告全國佛教徒，呼籲全國各地佛學會、佛學機關團體及叢林寺庵等四眾佛弟子，團結抗戰。抗戰期間，太虛擔任佛教訪問團團長，出訪過緬甸、印度、錫蘭等國，並與泰戈爾和聖雄甘地會面。帶回法物及紀念品，包括最珍貴的貝葉巴利文藏經共約五百餘件，全放在縉雲山漢藏教理院陳列室。

抗戰勝利後，一九四七年三月，太虛在上海玉佛寺說法快結束的時候，突然中風舊疾復發去世，世壽五十九。封龕時，各界參禮者三千餘人，備極哀榮。不久，在海潮寺荼毘，法尊等拾取太虛靈骨，得舍利三百餘顆。

重要著作與傳人

太虛大師是當代中國佛學集大成者，他擅長於融貫統攝，而且不拘泥於天台、賢首、禪宗、淨土宗，而卓然自成一家，著作等身。

主要著作有《真現實論》、《法相唯識學》、《起信論研究》、《整理僧伽制度論》、《太虛大師寰遊記》等。太虛大師圓寂後，由弟子印順法師將太虛大師的著作編成《太虛大師全集》共約七百餘萬字，文章共一千四百四十八篇。

太虛大師教化僧俗，桃李滿天下，門下四大弟子有印順、法尊、葦舫、塵空等。而大醒、大勇、東初、慈航法師等也都師志太虛大師。印順更將其人生佛教思想轉為人間佛教，在臺灣佛教成為主流傳教弘化的思想。

對佛教的貢獻

佛教在民國初期面臨時代的衝擊，在時空環境強力變遷下，佛教淪為老舊的象徵；歷代累積而來的龐大寺產，也成為社會覬覦、侵奪的對象。在危急存亡之秋，佛教內部紛紛發起改革的聲浪。當時，從事教育、慈善者眾多，而全心投入佛教體制革新者，則以太虛大師為領袖。

他一生倡導佛教革新，致力於佛教制度的創新，太虛在表明其革命心志時說道：「志在整理僧伽制度，行在瑜伽菩薩戒本。」對於力行出家僧團制度的革新，及實踐菩薩所應行時，在他《五十初度詩》中說：「我今修學菩薩行，我今應正菩薩名，願人稱我以菩薩，不是比丘佛未成。」志慕大悲菩薩行的志向顯露無遺。

太虛大師畢生推動對僧伽教育的革新，對現代佛教產生了重要的影響：

一、開啟現代僧學教育：太虛大師開啟了佛教興辦僧學的風氣，特別是他所創辦武昌佛學院，為佛教現代化教育帶來新氣象，也帶動各地佛學院的興辦。

二、培育僧伽人才：近代佛學院的興起，為佛教造德學兼備的僧才，現代諸多耆宿長老，如：大醒、印順、慈航、演培、續明等，許多都曾就學於太虛所創辦的佛學院。

三、世界佛法的弘觀視野：太虛大師與英法學者共同發起籌辦「世界佛學苑」，積極向海外各國弘法布教，與世界佛教聯結，並派遣學僧分赴西藏、印度、錫蘭等地留學，以從事巴利文、梵文、藏文等系佛學的研究。法尊法師所主持的漢藏教理院，正是其中具體的成果之一。

太虛大師一生志業的核心精神，正如其所自述：「仰止唯佛陀，完成在人格，人成佛即成，是名真現實。」其一生以大乘菩薩的入世精神，倡導立足於「此時、此地、此人」的人生佛教，致力於佛教的改革與振興。

太虛大師的精神不只是這個時代的，同時也是未來的。他所展現的精神，正是佛陀以來的根本精神：從深刻體悟佛陀的教法，悟入法界實相，進而以自身開悟的境界，上合於佛陀教法，在時代中弘揚教化，這正是佛法「藉教悟宗、依禪出教」的大傳統，不離於佛陀的應世本懷，使一切眾生得到廣大的利益。太虛大師真修實證的悟境、寬廣的心胸，及宏觀的國際視野，這三個要素使他能穿透時代，不斷開創出新精神，成為當代佛教革新運動的偉大舵手，及現代漢傳佛法乃至世界佛法的重要典範！

僧制

我的佛教改進運動略史

我對於佛教三十多年來改進運動的經過，可從好幾方面去觀察，而以關於僧眾寺院制度在理論上和事實上的改進為最重要。在民國十六、七年間，全國都充滿了國民革命的朝氣，我們僧眾也有起來作佛教革命行動的。當時我對之有篇訓辭，內中有幾句話，可作我改進佛教略史的題綱：「中國向來代表佛教的僧寺，應革除以前在帝制環境中所養成流傳下來的染習，建設原本釋迦佛遺教，且適合現時中國環境的新佛教」！我歷來的主張，是要在寺院僧眾制度的改進上做起；這幾句扼要的提示，可以把我三十多年來佛教改革的宗旨都說明了。至於我改進佛教的經過，可以分作四個時期來講：

第一期

一、思想的來源

我改進佛教的第一個時期，是從十九歲至二十六歲的七年間——光緒三十四年至民國三年。在民國十六年曾作有〈告徒眾書〉，內中曾提到我這個時期思想來源的概論：

余在民國紀元前四年起，受康有為《大同書》，譚嗣同《仁學》，嚴復《天演論》、《羣學肆言》、孫中山、章太炎《民報》，及章之〈告佛子書〉、〈告白衣書〉，梁啟超《新民叢報》之〈佛教與羣治關係〉，又吳稚暉、張繼等在巴黎所出新世紀上托爾斯泰、克魯泡特金之學說等各種影響，及本其得於禪與般若、天台之佛學，嘗有一期作激昂之佛教革新運動。

在光緒三十四年以前，我那時專門在佛學及古書上用工夫；或作禪宗的參究，或於天台教義及大藏經論的研討。後來受了中西新思想的薰習，把從前得於禪宗般若的領悟，和天台宗等教義的理解，適應這個時代思潮，而建立了我改進佛教的思想。其實，從當時佛教環境趨勢上說來，也不得不發生這種思想。因為在光緒的庚子年後，有所謂變法維新的新政，國家對於一切都實行改革，尤以辦學校為急進；教育當局往往藉經費無出為名，不特佔廟宇作校址，且有提僧產充經費的舉動。這種佔僧寺、提僧產、逐僧人的趨勢，曾為一般教育家熱烈地進行著；故當時章太炎先生有〈告佛子書〉之作，一方面叫僧眾們認清時代，快些起來自己辦學；一方面勸告士大夫們，不應該有這種不當的妄舉，應該對佛教加以發揚。

二、進行的前奏

當時國人去日本留學的很多——因覺得日本經過明治維新以後，已成為一個強國，所以值得我們去就近學習——而日人到中國來的也不少。日本盛行的真宗和曹洞宗底布教師也跟著來華了，故有曹洞宗的水野梅曉，在長沙與湖南僧界長老辦僧師範學校；而揚州天寧寺文希辦普通僧學校，亦因此而起。我國僧眾因受了國家社會對佛教摧殘，和日僧來華傳教影響，便起了依賴日僧保護寺產的心願；日人眼見我國佛教受摧殘，也就效法西洋耶穌教來華傳教的辦法，引誘中國的僧寺受其保護，故杭州就有三十多寺投入了日本真宗的懷抱。那時，日本真宗來華代表為伊藤賢道。杭州各寺在真宗保護之下，如遇提僧產、佔僧寺等情，就由日本領事出面保護。因了這些瓜葛而鬧出很大風潮，連地方長官如浙江巡撫也不敢作主判斷，把這種情形呈報中央政府——那時應該說是入奏皇上——結果，一方面向日本交涉，把投入真宗的事情取消；一方面由政府下詔保護佛教，並令僧眾自辦教育，故有僧教育會的產生。於是全國各省各縣，紛起組織教育會，與普通教育會成了對立的形勢。

僧教育會組織的性質，一方面是辦幼年僧徒小學，培育僧眾的人才；一方面是辦普通小學，以補助國民教育。但大都是各省各縣各自為政的設立，談不上有系統的組織。僧教育會的組織成功，雖然是由各寺院長老的聯合，但僧教育會的會長卻有兩個：一個是當地德高望重的出家長老，一是地方上有名望而熱心教育的紳士，而紳士也不一定是佛教的信徒。這是受政府明令所成的教育組織，又有紳士在中協助，故能與當地的官廳發生密切的聯繫。經費由各寺院分擔，如有不願捐款或不送幼僧入學的行為，得由政府差人催索或強迫入學。這些僧教育會，組織健全，辦理完善的固然是有，但徒擁虛名，實際由紳士主持，或隨新潮流趨向，失卻佛教立場的亦不少；甚或俗化成飲酒、吃肉、聚賭等違反僧制的腐敗勾當。這種組織不健全、辦理不完善的僧教育會，和當地非佛教徒的鄉紳會長，任用私人操縱會務以圖中飽分肥，有著莫大的關係。我在當時也曾參加過幾處的僧教育會。

寧波在八指頭陀——寄禪老和尚領導之下，在光緒三十四年也把僧教育會組織起來，該會管轄的範圍包括寧波府——除定海縣——所屬各縣。在光緒末年，我因為上來所說種種關係，也就熱心參加這種活動。入冬，在江蘇有個比較有系統的省僧教育會的組織，在鎮江金山寺開成立會，八指頭陀與我代表寧波去列席參加。江蘇因為有全省組織的緣故，力量比較雄厚，除各縣辦有僧徒和民眾小學外，並籌辦全省僧師範學校。同年，南京楊仁山居士就金陵刻經處創辦祇洹精舍，該舍與錫蘭達磨波羅居士取得密切的聯繫，同抱有復興印度佛教的意志，欲使佛教傳到各國去。我因參加江蘇僧教育會的關係，聽到有這種作世界佛教運動的組織，於是次年也到南京去加入。該舍的主要科為國文、佛學、英文。祇洹精舍只有一年的歷史，因經濟不繼而停辦。初辦的上半年我未參加，我是第二期才進去的。我在祇洹精舍的時候，已有普陀山定海縣教育會的成立，該會辦有：在定海縣城的慈雲小學——國民小學，至今尚存；在普陀山上純沙彌的化雨小學，下半年因華山法師辭職，遂請我去當佛學教員。這就是我參加僧教育會、佛教學校、祇洹精舍的經過。

宣統二年，我二十一歲，廣東新闢一家叢林，有創辦全省僧教會的建議。有人來請我去相助辦理，於是我就去廣州。後來，因為該寺的主持者是外省人，與當地僧眾語言和風俗習慣種種隔膜的關係，結果沒有組織成功。在廣東時，我曾專門作宣傳佛學的工作，引起一般社會知名之士，對佛學研究的興趣，如中山大學校長——中委鄒海濱（魯）先生，曾經替我翻譯；因此在廣州組織佛學精舍，如現在純為研究佛學的佛學會一樣的組織，並與當地的官紳及學界、報界結了不少文字緣，遂開廣東研究佛學的風氣；下半年，被推為那個新開叢林的住持。我在廣東住了一年多，廣東是革命的策源地，當時遂多與革命黨人往來；後來因了富有歷史意義的黃花岡事件，清廷嚴拿革命黨人，我也受其影響，結束了廣東的佛教事業，回到上海。

在那個時候，我對於佛教改進的思想，就是要怎樣根據佛教的真理，適應現代的國家和社會，使衰頹的佛教復興起來。由於此種思想的影響，隨著中國維新和革命趨勢，與革命黨人自然而然的接近，在思想上也受了社會主義、三民主義很大的影響，這是我在廣東所經過的大概情形。

我由廣東回到上海、浙江，正是清廷預備立憲的時期，各地佛教寺產，多發生被估提以辦自治事業的風潮。江蘇和浙江等省的僧徒，在上海召開聯合會議，推舉八指頭陀入京請願：請政府保護寺產，並呈遞振興佛教計劃書。該書是由我和上海《神州日報》主筆汪德淵先生起草的，籌備到八月間，適革命發動，遂未果舉行。

三、運動的實施

革命進展得很快，辛亥年末，就進佔江、浙；不久，孫中山先生回南京就臨時大總統職，宣布廢除農曆改用陽曆，於元旦成立中華民國。南京政府成立後，佛教徒曾分頭發起組織各種事業，如李政綱、歐陽竟無等人發起組織佛教會，佛教會上並無中國或某省等範圍，曾擬有章程，主張政教分離，呈請總統承認，得到總統表示贊同的覆函。同時，謝無量亦發起組織佛教大同會。我在辛亥之冬的民國元年，也到了南京，發起組織佛教協進會，在毗盧寺設立籌備處。當時僧師範學校學生領袖仁山法師，也是我在祇洹精舍時的同學，因欲以鎮江金山寺辦學校，亦來京請願。我遇見仁山法師後，對他這種舉動，認為只是應辦的一件事業；我就把我的佛教協進會向他說明，希望他參加發起。他很樂意地接受我的意見，並主張會所雖設南京，成立大會則在金山寺舉行。我們就積極地草了宣言和章程；我曾請了一位廣東朋友介紹，謁見了臨時總統——那時的政府是很平民化的，每日規定了時間，會見民眾，接納民意——我報告佛教協進會的計劃，孫總統指定馬君武先生和我接談。這佛教協進會，就是我對改進佛教具體的實際的表現。

先時，我既接受了仁山法師的意見，就履行佛教協進會成立會在金山寺舉行的諾言，到金山寺上仁山法師剃度的觀音閣，進行籌備開會的工作。在開會前，有反對的，也有贊成的。會中主要的人物，除了我同去數人之外，就是仁山領導的僧師範同學們——他們從前在僧師範學校時，曾與揚、鎮諸山長老發生過很大的摩擦——金山的僧眾，雖不願意此會在寺內舉行，惟處於當時革命濃厚的氣氛中，亦無可如何，唯有暗中勾結諸山長老，作非公開的抵抗。開會時，到有會員和各界代表諸山長老約六七百人。我以和平態度報告籌備之經過，並宣讀通過章程。接著，仁山法師就作了一番演說。當時即有揚州的寂山和尚起立，拿出長老的資格，以老和尚訓誨小和尚的態度，對這位新進的仁山法師，加以嚴厲的駁斥。由此引起了血氣方剛的僧師範同學們的激烈反抗，全場空氣極度緊張，從唇槍舌劍式的辯戰，幾演成「全武行」的慘劇。幸得赴會各界代表的排解和制止，把章程上負責的人提出通過後，草草散會。

會期終結後，我仍回南京策劃全國會務的進行。仁山法師和同學們，仍留金山，依照會中計劃，在寺內劃出一部分房子來作會所及開辦學校，積極進行。詎料在辛亥十二月二十外，金山寺暗中進行破壞的工作成熟，由庫房、客堂的執事為領導，率著三四十個工役，在半夜裡打進了佛教協進會會所；人少的僧師範同學，大半受了傷，仁山法師就是受重傷的一個。這場風波鬧得不算小，監院、知客、副寺和許多工役都被法院逮捕拘押。我事前毫無所聞，後來在報上看到這種消息，佛教協進會受了這個打擊，無形中陷於停頓了。

我對於佛教協進會所定的章程及宣言，雖極和平，然有一次演說，曾對佛教提出了三種革命：一，教理的革命；二，教制的革命；三，教產的革命。第一，關於教理的革命，當時的《佛學叢報》曾加反對。我認為今後佛教應多注意現生的問題，不應專向死後的問題上探討。過去佛教曾被帝王以鬼神禍福作愚民的工具，今後則應該用為研究宇宙人生真相以指導世界人類向上發達而進步。總之，佛教的教理，是應該有適合現階段思潮的新形態，不能執死方以醫變症。第二，是關於佛教的組織，尤其是僧制應須改善。第三，是關於佛教的寺院財產，要使成為十方僧眾公有——十方僧物，打破剃派、法派繼承遺產的私有私佔惡習，以為供養有德長老，培育青年僧才，及興辦佛教各種教務之用。這些主張，在章程上都沒有明顯規定，但實含有此種趨向，可待時議決施行，惜該會不久即遽行夭折！

經過金山風潮後，江、浙諸山長老於上海發起組織中華佛教總會，由八指頭陀商量將佛教協進會併入中華佛教總會，因此中華佛教總會成了全國統一的佛教最高機關，轄有省支會二十多個，縣分會四百多個，佛教會、大同會等組織亦自行解散。總會辦有佛教月報，由我負責主編。元年冬天，八指頭陀為保護寺產入北京請願，事未竟而圓寂，會長由冶開掛名，靜波、應乾等辦事不力，《佛教月報》僅出至四期便即停刊。佛教總會於民國三年被靜波改為中華佛教會，自任會長，會務無形陷於停頓。我於《佛教月報》停刊，早不預聞會務。到國民三年歐戰起後，遂至普陀閉關，我的佛教改進運動，在此暫告一段落。至國民四年，自預備帝制自為的袁世凱公布內務部所製寺廟管理條例三十一條，明令取消了佛教會，全國便沒有佛教改進運動可言。

第二期

一、理論的集成

我的佛教改進運動的第二個時期，是從民國三年至十七年間——二十六歲至四十一歲。民國三年秋起，在普陀閉關的三年中，一方面著重在個人身心——戒定慧——的修養工夫，同時對於律藏和小乘的經論，大乘曼殊、龍樹的一系經論，彌勒、天親一系的經論，以及台、賢、淨、密、禪諸部，都一一作有系統的研究。我國固有的諸子百家的學說，和從西洋譯來的新文化，亦時加瀏覽。由此種身心學術的修養而感發出來的思想，便演成了當時的各種著述。

從民國三年至六年間，把我從前研究佛法的基礎，更擴大而深造了。過去我僅於禪宗、般若及天台教理深有領悟，賢首、慈恩稍有涉獵；這時我卻把唯識、三論精刻研究，在整個的大藏典籍中，對大小乘各宗加以比較和綜合。我經過這番鑽研的工夫後，所構成佛學整個體系思想，就和從前迥然不同了。

民國五年，我著有《首楞嚴經攝論》，《佛學導言》，這可以說是對於佛教大小乘的教義，有個大體的判定。中國原有的十三宗，我把其中的小乘成實和俱舍歸附於大乘，並併合涅槃、攝論、地論總為大乘八宗。在八宗的教理和歷史，作分別的綜合研究之後，在佛學的基本宗旨上，一方面看到各宗的殊勝方便，一方面看到各宗都是究竟平等。對於中西古今的學術，亦多有說明，如著有古學的周易及荀、墨諸論，今學的破神執、訂天演、辨嚴譯與教育新見、哲學正觀各篇。

為欲根據教理、教史以樹立佛教改進運動的理論，我又著《僧伽制度論》和較簡略的《人乘正法論》。《僧伽制度論》是對出家僧伽的集團生活，加以嚴密的修整，使其適應時勢所宜，成為合理化的現代組織；建立真正住持佛教的僧團。這論所擬的整理計劃，全是根據原有住持三寶的僧律儀演繹出來的，可以說是現代僧伽的規律。因為，佛在世時制定的比丘律等，就是僧伽制度；故古代叢林創設的清規，也從佛陀所制的規律沿革而來，不過因為風尚俗習不同的關係，古德根據佛陀制律的根本緣則，另創適應當時當地環境需要的規矩。佛教從印度傳至錫蘭、緬甸等地，因錫蘭與印境毗連的原故，直至現在，尚多分保守佛陀原始所制的律儀；惟傳至西藏、中國、日本等地，就因氣候風俗等環境全然差異，佛制的律儀——除了根本——和僧伽生活的方式，不得不隨著而改變。由此可以證明佛教律儀每因其所流傳的地域而遷易，如中國的隋、唐間，僧伽律儀就演變到叢林和小廟的僧制，這也是說明當時需要這樣的僧團，方能住持當時的佛教。但這種制度，是只適宜於中國帝制時代，一入民國，即不能不有所更改。

在〈整理《僧伽制度論》〉中，並附有佛教正信會的綱要。僧伽制度的整理，是在改組出家佛徒；而正信會綱要，是在組織在家佛徒。這綱要的提示，為依著人乘正法的理論去實行，目的是使在家佛徒對佛法由真正的理解，而起正確的信仰——對三寶起清淨的信德，明因果業報，實行五戒十善。這不僅應用於個人，而且應用於家庭乃至社會國家之間，建立起人與人間的道德能力，以這道德能力改造社會國家——構成佛化的倫理、政治、經濟的新社會。這就是以極普遍極廣泛的人羣為對象，依著大乘菩薩精神的組織——佛教正信會。

佛教在中國歷史上，曾有不少的演變，自從隋、唐一度的隆盛後，宋、元以降，漸漸就消沈下去；至清朝末年，更是佛教最衰頹的時期，也就是佛教興亡的一個重要關節。這也是由於國家政治的變革，致形成這種情況。辛亥革命成功，中國既成立了共和立憲的國家，僧伽制度也不得不依據佛制加以適時的改變，使成為今此中國社會需要的佛教僧寺，這就是我作《僧伽制度論》的動機。在《僧伽制度論》，我一方面想對在家佛徒作個極普汎的大聯繫，一方面致力於提高僧伽地位，這是我在當時對於佛教改進運動所發生的理論。關於住持佛教僧伽，要經過一個嚴格的長期訓練，養成高尚、優美、完善的德學，以佛法為修學實習的中心；旁參以近代的思想學說，準備作宏揚佛法的僧伽，真正代表佛教的精神去救世救人。而住持僧的數量不必多，但求質的提高，然亦以為無減少當時僧數的必要；我的計劃是要全國的僧眾，每個都真正有住持佛教的資格。正信會是以攝化在家信眾為目的，重在將佛法普遍深入民間，使全世界的人類，都變為佛陀的信徒。這和僧團組織大不相同，僧團是住持佛法，這是專為佛教普及人類。我國古來的佛教制度，全以出家人為代表，在家佛徒沒有獨立組織，要實行佛法即須出家，在家是不能的；而且素有學佛要待年老和擺脫家庭環境的思想，故在家眾沒有離開出家眾的制度。我覺得這是一種錯誤，故有在家與出家分別組織的制度；出家佛徒要提高其僧格和地位，能真正住持弘揚佛法，使人們崇仰為導師；在家佛徒則使其由研究信解佛法的學理，行為則以社會道德為基本，實行五戒十善之人間道德，改良社會、政治、文化、教育、風俗、習慣。這種平易近人的道德規律，最易於實行和普及人間，使人人都可以學佛，都可以作一個佛教徒。當時我對於改進佛教制度，有這樣理論建立，我雖在閉關的時期沒有作其他的活動，卻集成了我對於改進佛教的理論。

民國六年出關後，下半年有人請我到台灣講學，我順便往日本考察佛教，大概一個多月。所到的地方，只有神戶、大坂，和京都——京都是日本的西京，明治維新前的京城——雖然沒有去到新都的東京，但佛教的中心仍在西京，故考察的結果，覺得日本佛教很多與我的《僧伽制度論》吻合之處。日本佛教各宗都有一個嚴密系統的組織，一宗有一宗的宗務院，管理全宗的行政；寺院分成大小等級，某種事應該是某種人去辦理，都有「人盡其材」去分配工作。各宗同樣辦有佛教教育，小學、中學是普通的，大學則專屬某宗，是某宗所辦；社會的文化慈善等事業，皆有多方活動。這些都和我的《僧伽制度論》所擬的計劃不謀而合。

但日本雖有各宗系統嚴密的組織，而沒有全國佛教最高的整個管轄機關。那時有一個佛教聯合會，可是在草創時期，且有幾個專尊自宗的宗寺反對參加。因為，日本佛教是各宗各自為政的，故力量分布在各宗的身上，形成了宗派的信仰，沒有整個佛教的信仰可言。關於分宗，各宗有各宗的宗寺等，我在《僧伽制度論》中亦有論及，但我主張有行教院和持教院及佛法僧團的總團體；且在家組織的正信會，對佛教要有統一的信仰，絕不能和僧寺一般的分宗，應以三寶為唯一信仰的對象。日本雖有佛教聯合會的組織，但甚鬆懈，未見健全，實不及我計劃的佛法僧團組織的嚴密。故覺得我的《僧伽制度論》，有其分宗的長處，無其分散信仰力量的短處。關於日本佛教教育，我亦作了一番考察，備作回國後辦佛學院的參考。這就是我理論的建立，和從日本考察證明了我的理論的結果。

二、運動的復活

從日本回國後，民國七年我在普陀山宣講佛學，由黃葆蒼——大慈、蔣作賓、陳裕時等聽講之結果，到上海聯合王一亭、章太炎、劉笠青、史裕如、張季直等，創辦覺社，刊刻關於我的著作，如《楞嚴經攝論》等；並編發《覺社季刊》，作文字的宣傳；一方面又隨時開會，演講佛學。而我的改進佛教運動，也就從此復活起來了。

當時歐戰未停，很多人都感到科學愈昌明，物質愈進步，侵略者屠殺人類的利器亦愈猖獗，世界人類真正的和平幸福更得不到保障。覺社是以佛法來作救人救世的和平運動為宗旨；這樣以佛法作口頭和文字的宣傳後，各地設會講經或講學的，盛極一時。民國七、八、九年，我在武漢、北平、上海、廣州等地講經講佛學。在這種風氣和提倡之下，各地都有佛教講學會和講經會的設立，而許多佛教團體的組織，如上海佛教居士林等，亦乘時出現。

在過去講經的法會，局在寺院一隅，只講給出家的僧眾和少數的在家信徒聽。但自覺社風氣一開之後，社會羣眾對於佛學起了研究的興趣。我提倡這種講學的目的，是想以佛法真正應用到救人救世上，即我所說的由正信佛教以實行「人乘正法」；但仍不忘另一方面的重要作用——僧寺制度改革，使僧寺真成為弘法利生的機關，養成真能住持佛法的僧才。〈整理《僧伽制度論》〉，曾在民國九年的《海潮音》印行。但仍不過是一種理論的公布，尚無任何根據地去實行。那時，全國既無一個有系統組織的佛教機關，連各地方的僧眾團體也沒有，有的只是「各家打掃門前雪」的寺院而已。政府對於僧寺，也只有寺廟管理條例的具文。因此，我對於僧寺的改進，當時只想就原有的一個僧寺而先行著手整理。

民國十年春初，我接管淨慈寺，這是杭州有名的古剎。雖是一個叢林，但內裡情形非常腐敗。我接管此寺的動機，是深想以此為實行著手改革僧制的根據地。在初到的數月間，即竭力著手內部的整理，費了不少的力，才稍微有點頭緒。因淨慈寺是永明壽禪師的道場，我把禪堂改為禪淨雙修的角虎堂，並籌設永明精舍，以作研究佛學、栽培弘法人才的地方。當時的風氣不比現在，因為整理淨慈寺的關係，引起杭州諸山僧的嫉忌，他們怕我把淨慈寺整理好了，使他們相形見絀。而寺中囿於惡習不甘拘束的退居與老班首等，勾結了諸山寺僧及豪紳軍人，到六月間，便假借名目，向我大肆攻擊。但當地的官紳，也多對我同情而擁護的。秋天，我到北京講經，北京人士亦多遙為聲援，大有相持不下之概。在這種惡勢力之下爭持，我覺得有點徒耗精神力量；次年就讓出淨慈寺，這是我著手實際改革僧寺得到的障礙。

又我曾以〈人工與佛學〉一文發表在《海潮音》，內容是說僧眾對於資生事業，在不違背佛法原則上，都可以工作，不妨仿效半工半讀的性質，並引百丈禪師「一日不作，一日不食」

的勞作精神，證明我們要以自己的勞力取得工資，把剩餘的時間用來研究實行高深的佛學。當時因蘇俄革命成功，共產黨的思想很流行中國，如果自己不有生產工作就等於滅亡，故僧眾都感到有工作的需要。由於我這樣的提倡，遂生了後來所謂農禪、工禪的流行語。在另一個時候，我又發了〈職業與志業〉一文，說明分開職業與志業的重要性。這是專對一般廣泛的佛教徒而言的，要他們不要存學了佛不作事的念頭，要一方面勤於職業，一方面研究佛法。這篇文章也發生了很大的作用，當時有過一班職業青年組織了佛教利濟會，曾作過熱烈的運動。

依照當時各行有各行的行會設立，我又提倡「僧自治會」。意思是說：僧眾應該實行獨立自治，自己管理自己，不受地方豪紳的壓迫。當時地方人士，往往利用「十方」二字發生干涉，連法院的法官也弄不清，都以為「十方」僧寺是指地方人民而言，故時有自稱「十方」驅僧提產的事件發生。他們實不知道「十方」是指的十方常住僧伽，故我針對他們的誤解而有組織「僧自治會」的提議，但這理論始終未見實行。

民國十二年，我著有〈志行自述〉，講我作改進佛教運動，著重整理僧伽制度和大乘菩薩行。這篇文章的內容，就是後來常為人引用的「志在整理僧伽制度，行在瑜伽菩薩戒本」這兩句話。

民國十二、三年，同時有實際行動的，就是在廬山建設大林寺的講堂。初時的組織極簡單，在一間木屋裡，陳了一些桌椅，不特沒有舉行什麼佛教儀式，就是連佛像也沒有；但幹起事來卻極有精神，因為那裡是國際避暑區，中外人士大都信仰基督教，差不多是耶教徒的勢力範圍。我們在廬山演講佛學，無異走進了基督教區宣傳佛法；當時來聽講的，也有外國洋人的耶教牧師。於是我就很想聯合世界佛徒，作國際佛教的運動，使各國人士都能信受佛法，就創組世界佛教聯合會。十三年，不特日本派代表來參加講演，就是德、美及芬蘭等也有佛學家來加入，這是一種廣泛輕鬆的運動，不能說是佛教國際的組織，只可說是國際佛教徒的聚集。

日本參加了世界佛教聯合會後，要求第二年在日本開會。後來經過雙方——中、日——討論，把範圍縮小了，改為東亞佛教大會。為著要派代表去日本出席，覺得全國無一個代表佛教的最高組織，我國代表實無從派遣。故民國十四年上半年，我在北平講經時，提倡組織中華佛教聯合會，即進行章程備案，江、浙、贛、鄂、川、湘等省，亦起而組織省聯合會，但未能每省都有，故不能全國整齊劃一。由此，下半年出席日本的東亞佛教大會代表，推派了二十八個。

民國十五年，國民革命軍從廣東打到湘、鄂而至贛、皖、江、浙。因為那時國民黨容共的關係，故共黨宣傳社會革命的工作非常活躍，大有實行共產的危險，所以僧眾大起恐慌。同時，開封有破壞僧寺的舉動，當時很多受過僧教育及未受過僧教育的人，紛紛來問我有何對付之策，故我有《僧制新論》之作，因覺得前著《僧伽制度論》已有些不能適應那時的環境。新論說明中國只有二十萬僧眾，以當時趨勢而論，若不注重生產事業，光受別人供養自己，那是靠不住的；故就二十萬僧眾中，以十六萬或十八萬作生產事業，選出二萬或四萬作修學及弘揚佛法的住持僧，這是適應當時環境而發的理論。及民國十六年，國共分裂後，國家社會對於佛教情形漸好，寺產亦漸可保障，僧眾不像以前那樣驚慌了。但在國民革命的趨勢上說來，主張革命民權，不革命者無權，革命空氣仍極濃厚，大有不革命不能生存之概！故僧眾亦覺得有革命的需要，曾受過僧教育的僧眾咸以為：佛教不革命就不能適存，非來個佛教革命不可。可是只有空論而無系統的組織行動，甚至有離開了佛教立場，成為俗化以革掉佛教整個生命的；也有以佛教沒有辦法，隨著舊勢力而意志消沈的。當時我就作了一篇革命僧的訓辭：

中國的佛教革命，絕不能拋棄有二千年歷史為背景的僧寺，若拋棄了僧寺以言廣泛的學術化、社會化的佛教革命，則如拋棄了民族主義而言世界革命一樣危險！

我舉出了他們的弊病和佛教革命俗化的危險後，就指出一個佛教革命的根本辦法：最根本者，為革命僧團之能有健全的組織。其宗旨為：（一）革除：①君相利用神道設教的迷信；②家族化剃派、法派的私傳產制。（二）革改：①遯隱改精進修習，化導社會；②度死奉事鬼神，改資生服務人羣。（三）建設：①依三民主義文化建由人而菩薩、而佛的人生佛教；②以人生佛教建中國僧寺制；③收新化舊成中國大乘人生的信眾制；④以人生佛教成十善風化的國俗及人世。

這其中，關於佛教革命的僧制，則為佛僧主義；至於佛教普及到民間的，則為佛化主義，佛國主義；文雖簡略，義甚扼要。僧制論、正信會理論的精要，都含攝其中。當時唯一希求，是要有主幹的組織去依次進行。

我作這篇訓辭的本旨，不是公開發表，是給予從事改進佛教運動的現代僧伽社去作實際運動。可惜大醒、芝峯在《現代僧伽》發表了我的訓辭，以致成為文字上的東西。而現代僧伽社亦僅改為一個月刊社，不能組織成革命僧團。那時，我因預備好歐、美之行，故對於此事亦未能顧及，而十八年冬演為會覺、慈航等在安慶迎江寺曇花一現的失敗行動。而我發表人工與佛學，志行的自述，僧自治會等言論，與提倡世界的中華的佛教聯合會之組織，亦為此期運動的波瀾。

三、學院的創建

十一年春，我到武漢講經，商量改進佛教，須有基本幹部人才的養成。得著李開侁居士等援助，憑空產生了武昌佛學院。課程參取日本佛教大學，而管理參取叢林規制，學生在家出家兼收。第一期是造就師範人才，畢業後，出家的實行整理僧伽制度，分赴各地去作改進僧寺及辦理僧教育的工作；在家的依著《人乘正法論》去組織佛教正信會，推動佛教到人間去。這就是改進佛教理論的進一步的實施，也就是改進僧制過程中一個重要的關鍵。

武昌佛學院以前，雖有觀宗寺的宏法社及月霞法師華嚴大學的設立，但這不過是養成講說天台宗或華嚴宗的講經法師而已！乾脆說一句：就是講經法師的養成所，與我造就改進整個佛教的人材相差得很遠。後來各地創辦仿效武院的佛學院漸漸多了，如常惺法師在安徽、閩南、杭州、北平等地辦的佛學院等，都受了武院風氣宗旨的影響。從我造就出去的人才中，辦開封、九華、嶺東、普陀等佛學院，和武院有連帶的關係，更不待言了。

在我辦佛學院的本意，是想第一屆在二年中速成了一班師範人才後，優秀者留院深造研究，而第二屆專招出家眾以律儀為訓練，俾佛學院成為新的僧寺。民國十三年，我把宗旨提出之後，院董多未贊成，希望照景第一屆作廣泛的佛教徒教育。第二屆新生開始上課後，我因前期講學操勞過度，得了胃病，又因未全照我的辦法去行，故託善因法師代理了我的職務，回到浙江休養。在這休養數月中，著成《人生觀的科學》、《大乘與人間兩般文化》、《大乘起信論唯識釋》等書。次春回過武院，一切仍繼續辦去，但因我不常駐院講學的關係，精神比前鬆懈得多。又因民國十五年國民革命軍進抵武昌，武院受戰事的影響而陷於停頓，至民國十七、八年，方漸漸恢復起來。但從我十六年主持南普陀後，重心反移在閩南佛學院了。

第三期

一、世苑的創設

民國十七年至二十七年——四十一歲到五十一歲，是我佛教改進運動的第三個時期。這個時期的發動，應該從世界佛教運動說起。世界佛教運動，即是佛法救世運動。這種運動，是我佛教運動中一貫的宗旨，在前二期中早就有這種趨勢，不過當時我想先把中國的佛教復興起來，用作世界佛教運動的中心和基礎。

到了民國十三、四年之後，我的思想上有點轉動，覺得中國革命了十多年，政局一點也不能安定下來，因此政治沒有一定的軌道，社會沒有一點的趨向；中國的佛教之設立團體，也不過作些應付當時環境的事情，沒有確定實際辦法可以建樹；所以民國三四年間造的《僧伽制度論》，已經不適用於當時了。

由於國家沒有一定的政治和社會制度可依據，想復興中國佛教，整理中國僧寺，是不可能的。中國各派政治的興仆，都是受了國際思潮的牽動，故我當時有應先著手世界佛教運動的理想，先使歐西各國優秀人士信解於佛法，把他們作人立國的思想和方法都有所改變，中國的政治和社會才可安定，中國的民眾亦因歐美的信仰佛法而信仰。如果這個從大處著手的運動成功，那麼建立中國的佛教就有辦法了。

在民國初年，中國隨世界各國走上了民主立憲的陣線，所以中國大眾都認為要建立一個民治的國家，就可馬上復興起來，什麼問題都解決了！但到了民國七、八年至十三、四年間就不然了，新的主義紛紛抬頭，如蘇聯則為共產主義國家，義大利則有法西斯主義的產生，德國、日本也走上了法西斯主義的趨勢，中國則被各種不同的政見牽動，有主張改採共產主義的，有主張仍行民主主義的，也有主張採取法西斯主義的，中國政治既然隨著世界各國政治的趨向而飄搖不穩，想改進佛教，自然也找不著一個適應的辦法。

在各種不同的主義中，孫中山先生的三民主義不但能夠適應中國的環境、風土和民情，同時能採各主義的長處，捨去它的短處，民權主義採有民主主義的優點，民族主義採有國族主義的長處，民生主義採有社會主義的思想。可惜因當時局面的紛亂，三民主義的範圍僅局於廣東一隅，未能在中國普遍實行，而其他各黨各派的紛歧思想，形成了互相仇視、互相傾軋爭奪的趨勢。

當時，我覺得無論那種思想也好，不久乎社會主義——共產、全體主義——法西斯、個人主義——民主。這些主義雖各有不同，但都有一共通點，無論作人立國，自個人階級至民族國家，總為一種鬥爭，發展自己而統制他人，以自己的階級獲得了政權而統治其他一切階級；以發展自己的國家民族而統制別的國家民族；以個人或團體的資本，壓迫剝削他人而獲取自己的利益。無論作人立國，都以自己利益為前提而竭力侵略他人，結果只有走上戰爭一途。如果這種國際趨勢不改變，中國想實行三民主義是很難的；在世界這樣的紛擾不定中，中國想得到安寧也是不可能的。如果把佛教傳到世界各國，能夠從作人立國的思想根本改造，使他們知道萬有皆從眾緣所成，沒有孤立存在的個體，想得到個人的利益，要從大眾的利益作起，大家得到利益則個人自然亦得到利益；不特人與人間要相資相成，階級與階級、國家與國家、民族與民族間，也要相助相益，不應有你死我活的爭鬥。要是以這種真理去感化世界人心，感化有思想學問的領袖，改變他們作人立國之道路，從這作人立國的思想，解除了世界紛亂的因素，取得真正的世界和平，中國才可以安寧，佛教才有昌明的日子。

在這種意義之下，我就準備到歐、美去一趟，一方面實地考察歐美的政治、經濟、宗教等狀況，一方面向思想界的領袖學者們宣講佛學。故當時曾集有幾個人研習英文，打算組織一個團體同去，後來因為機緣不就，故改為設法以我個人先去出國。民國十四年間，我就作著這種準備；民國十五年到南洋，就有由南洋以赴西洋的企圖，後來得了熱病回滬。國民革命軍已到了長江流域，在時局動盪之下，仍作赴歐美之準備。十六年，曾得胡子笏、楊性誠居士贊助；秋間蔣委員長短期下野，回到奉化休養，約我到雪竇寺住了幾日，我順便把出國的意思告訴他，承他力予資助。十七年春，我就把住持不久的廈門南普陀寺與閩南佛學院交由芝峯、大醒代理，到夏間就放洋去外國了。在那時候，國內經國民革命之後，佛教時在風雨飄搖中。出國前，蔣委員長約我到南京會見，由他介紹的關係，訪過黨國當局多人，我覺得全國應該有個佛教會之類的組織。但當時的蔡元培先生等，認為民初的信教自由，此時已失其效，對於宗教不便提倡，以先設佛學會為宜，因為佛學會是研究學術的機關。我在南京許多要人提倡中，講了三天佛陀學綱，乃發起成立中國佛學會，並設立佛教辦事人員訓練班，預備我第二年返國後，應發表次年召開全國佛教代表大會，把中國佛教會組織起來。

把佛學會的會務辦得有點頭緒之後，即回到上海作歐、美之遊。我此行重在考察與宣傳，這在《海潮音》及寰遊記中已說得很清楚。在法國巴黎時，發起世界佛學苑，發表宣言書及組織計劃，在英、德、義各地都設有通訊處。法國朝野人士頗熱心贊助，在德國柏林時，法國電邀我回到巴黎，商議在巴黎送一地皮與我作世苑的苑址，建築和開辦費等由我擔任籌集。當時因經濟尚無把握，聲明待返國後再作接收與否之決定，遂由法而渡美。

民國十八年回國後，曾為世苑籌備經費之規劃，因機緣相左，經過數年，尚無頭緒。於是把巴黎的捐地辭卻，想先在中國建立世苑的中心，將來慢慢才推廣歐、美去；但最大的困難，還是經濟問題。

民國二十年在南京接管佛國寺，打算以該寺為世苑的地址，曾和戴院長等商及，極蒙贊成；曾與在座的李子寬居士等，印布籌集基金捐冊，進行稍有頭緒。不幸長江大水災發生，又繼以「九一八」的事件，國內情形驟然起了很大的變化，政局因之分裂動搖，蔣委員長又作短時下野，世苑經費的籌備亦無形中就陷於停頓了。從此，歷年都在暴力侵略之下，更加無從建立，決意先為局路的籌設。整個世苑的目的，在綜合世界的佛教，研究成世界的佛學，實現為世界的新佛教，故有依教、理、行、果四門的計劃：

（一）教：從佛陀所遺留下來的佛寺塔像及文字經典，向東西各國搜集，設立法物館、圖書館，作為研究所根據的教。（二）理：如南方的小乘教理，西藏的大乘教理，中國的綜合教理，歐美以新方法研究的佛學，都一一加以分類的、比較的研究。（三）行：包括律、禪、密、淨諸修行的法門。（四）果：果是依教理而修行所得的結果，如信果的信眾，和戒果的僧眾，以及定慧果的賢聖眾。故世苑是把世界凡足以為研究根據的教理，依之修行證果，而樹立世界的佛教為目的。從這整個計劃為局部進行，曾在冠以世界佛學院的名稱下，擬以雪竇寺為禪觀林，北平柏林佛學院為中英文系，閩南佛學院為華日文系以資聯絡；而實屬世苑系統的，唯專為研究漢藏文佛學的漢藏教理院，及武昌佛學院改設之世苑圖書館。

漢藏院的發起，係十九年我來朝峨嵋的時候，劉軍長有派僧入藏留學之議，我主張與其派僧入藏，不如就地設立漢藏文佛學院招僧學習為宜。至二十年，就正式提出世界佛學苑漢藏教理院名義，積極籌備。至二十一年秋季來舉行第一班開學禮，同時，武昌佛學院改為世苑的圖書館，亦在是秋開幕。這就是我關於世界佛學苑的世界佛教運動。

二、教會的演變

前面我已經說過，在民國十七年出國之前，我先在南京設立佛學會，並發表在次年開全國佛教代表會議，組織中國佛教會。那曉得在我未回國前，內政部長薛篤弼訂立了管理寺廟條例二十一條，對於佛教有如日本對中國所提出的二十一條的苛刻，有把廟產全部充辦社會公益的趨勢。故由代我經辦南京之中國佛學會的謝健、黃懺華等居士，會同上海的江浙佛教聯合會，商議火速把中國佛教會組織起來。當時在佛教存亡的生死關頭之下，全國僧眾都感到有整興佛教的需要，如印光法師等也擬出整理僧伽制度的方案。

在我未返國前，已在上海草草開了一個佛教代表會議，到有十七省代表，都由在上海的各省佛徒集合而成，擬定章程，呈請黨部及內政部備案。但在當時的情形，很難有批准的希望，故以王一亭居士和我的聯名函，由王一亭居士親見蔣主席，批交行政院譚延闓院長，命令內政部准予備案，但仍未得黨部批准；中國佛教會起初是如此勉強成立的。成立會雖然開過，我回國後開執監會議，被推為九個常委中的一人。

從十八年下半年至二十年上半年，為我參加中佛會的時期。中佛會成立後，呈請把內政部的管理寺廟條例，改由立法院另議條例；當時立法院法制委員長焦易堂氏，曾徵詢我的意見，我主張以佛教會為整理振興佛教的機關，草有「佛寺管理條例」，作為立法院的參考。可惜立法委員中明瞭佛法及我的佛教改進建議者甚少，經過幾次開會的結果，大都認為佛教是封建迷信的遺物，以暫讓它自生自滅的意思，而制定為「寺廟監督條例」，經立法院三讀通過，於十九年公布，取消了內政部的管理條例。此監督條例的內容，一方面將佛教原有的習慣保存，一方面責令興辦社會慈善事業。我初時看到法制委員會的條例草案，每條中都有教會二字，逮議決時，都把教會二字眼取消了；後來公布的不知怎樣又有一條留著教會二字，中國佛教會方有了一點根據。

監督條例公布後，廟產興學仍熱烈進行著，中央大學的教授們，有組織廟產興學委員會的，發表宣言作公開活動。全國僧眾在監督條例保障之下，仍惶恐不安，故十九年冬，我在中國佛教會決議，二十年夏召開擴大的代表大會，不特包括各省區代表，且蒙藏佛教領袖，及四大名山、佛教學院等都派代表出席。這次盛大會議的結果，我有幾個重要提案得到通過，如席籌定經費。辦事處由我與仁山法師、王一亭、謝健居士等接管，搬去南京，並籌備佛教辦事人員訓練班，我就在南京常駐會辦事，一方面宣講佛學，一方面進行向黨部立案及保護與改革的運動，辦理二個月，已有相當的基礎。當時首都開國民大會，我擬就了保護寺產的提議，由班禪所派代表在會中提出，獲得通過，送由國府蔣主席公布施行。內中有云：「凡寺產任何機關團體不得侵佔，如有侵佔，即以法律制裁。」

因此，廟產興學即無形打消。可是一般的寺僧都以為有了政府的明令保護，對於佛教會的事業，大可不必進行，中佛會的內部遂發生障礙，以前承認的經費亦不肯繳，仍主張佛會移滬。我因宣布辭職，從此不願預聞會務，會中雖仍列我的名字，但我始終未出席任何會議。

到了二十三年，少數人把中佛會三級制改為兩級制，各省羣起反對，投訴內政部及中央黨部。二十四年，中央黨部之民眾訓練部覺得中佛會須加以整理，指導處張處長商心梵居士，修改佛教會章程，主張僧眾居士分別組織。草案未發表前，曾抄一份徵詢我的意見；我覺得如果分別組織，「中國佛教會」名稱太泛，應改為佛教僧寺會和另設佛教居士會，章程要改簡單。如不分別組織，居士名額少一些亦可。我的意見未蒙接納，即行發表，民訓部責成中佛會在京開理監會，並約我必須赴會，謂中國在國難中，不同的政見已統一起來，佛徒更應捨除我見，真誠合作。要由中佛會在南京開的理監事會，召開全國代表大會；而代表的產生，主張由我和圓瑛各介紹一百名代表，呈部圈定半數作為出席的代表人數。可是圓瑛陽奉陰違，回滬後即不履行部令，一方面設法阻撓，一方面仍在滬開了少數人操縱的代表會，另訂修正章程呈民訓部、內政部批核，直到去年方迭經核改批下，故這幾年的中佛會，已失了辦事的憑藉。加以京、滬淪陷，勢成停頓。去年內政部公布的章程，容納二十四年的修正點甚多，大致可用，惜滬辦事處已失作用，而我在渝設立臨時辦事處，亦不過便於後方通訊而已，雖有修正章程，亦無從發動。

又我於二十年，根據「寺廟監督條例」，曾提議過組織「僧寺聯合會」，而「佛教僧寺會」的名稱亦是我提出的，但這些皆未曾實行組織過。

二十二年春間，曾提出「佛教青年護國團」辦法，以赴嚴救重之國難，即提及出家僧眾辦救護看護等事。後來請訓練總監部，免僧普通兵役，另受救護等訓練，即為現今各地僧眾救護隊的濫觴。

三、僧制的新議

僧制新義的提出，大概是民國二十年在閩南佛學院的時候，原題為「建設現代中國僧制大綱」，簡稱「建僧大綱」。因為，當時感於立法院所定，所公布的「寺廟監督條例」，其用意似在讓佛教自生自滅，政府採不管不理的態度，而以一般佛教徒組合的佛教會來改進佛教亦辦不到。因多數是要被整理的舊勢力，以被整理者作整理的工作當然不可能，故只可根據教理，重新另建僧制，而訂與《僧伽制度論》依據原有僧寺者不同的「建僧大綱」。其要義大概是這樣：

（一）以現代中國為範圍：現代：僧制為僧伽所依據的法制，大至弘宣教化，小至個人行為，悉皆以此僧制為準繩。現代的僧，當然要依現代的時勢所宜，而不必泥用古代僧制；原來制度這樣東西，是有時代性的。中國：以現代二字還很普遍，這裡加上中國者，只是限於中國而言，而且連蒙、藏亦未包括在內。

（二）僧之定義：僧既為佛教中出家和合眾之專稱，則僧即須對於佛法能真誠信仰，切實了解，並實行佛法，住持佛法，宣傳佛法，使世間上之佛教日臻發達，以達到利人濟世之目的。

（三）僧格之產生及養成：①以三寶之信產生僧格：(1)信法，(2)信佛法，(3)信佛法僧。乙、以六度之學養成僧格：(1)僧格成就首須捨俗，須將一切世間俗樂捨離，即為之施；復能將一切俗樂之習洗淨，即為之戒；由學此施、戒，方可以發生僧格。(2)佛法中說能修行出家法者，即可為「出塵上士」，行出家法，要不為世間一切惡法所搖動，這樣須學忍辱。真實的要具足僧德，又須精進修習戒定慧等，才能夠增長僧格。(3)僧格發生增長；繼之以修定而得禪悅之樂，由修慧——聞思薰習——而得法喜之樂，於是信心堅固，僧格養成。

（四）前議改建僧制之評判：對舊時《僧伽制度論》、僧制今論、佛寺管理條例、支那內學院及大勇等主張返歸佛世的律儀，都一一加以評判，因為這些辦法，均思根據原有的僧寺制度而改設者，其中雖都有具體的理論辦法，但在事實上、環境上，皆難以通行。

（五）今議創設之現代僧制：第一，即須精取慎選少數有高尚僧格的，制成以下的僧制：

①學僧制，亦名比丘僧制，約一萬人，分四個學級，修學十二年，為具足學僧之資格。表列如下：

創設處所	修學年限	機關人數	應得學位
律儀院	沙彌半年比丘年半	每省一所約四千人	上士位
普通教理院	四年	每三省一所約五千人	學士位
高級教理院	三年	全國一所八百人	博士位
觀行參學處	三年	二百人	大士位

②職僧制，亦名菩薩僧制，就是修菩薩行之僧，全國約二萬五千人之數，以五種機關攝之：(1)布教所，(2)病院、慈幼院、養老院、殘廢院、賑濟會等，(3)律儀院、教理院及文化事業等，(4)教務機關，(5)專修雜修林。

③德僧制，亦名長老僧制，這種制度，宜行於山林茅蓬，可以合許多茅蓬為一處，成立專修林或雜修林。茲更將以上三種僧制學級層次列一表以明之：

學僧		德僧
（下中級職僧三十年）	上士…………………………………………	
（下中上級職僧二十六年）	上士……………學士………………………	
（中上級職僧二十三年）	上士……………學士……博士……………	
（上級職僧二十年）	上士……………學士……博士……大士……	

上表乃以三級僧制而立，由學僧以至德僧須經四學級或三學級方至德僧位。但有博士、大士學級，可以不經下中職僧而至德僧位者。茲以德僧上中下三級復各分三級成九品，上下級職僧限於得學士位二十年以上者，上中級職僧限於得博士位十五年以上者，上上級職僧限於得大士位十年以上者，其中任林長之資格，須得大士位滿二十年以上者，方得充任。

我當時對於學級的編制，以現在中學生的學年作標準，十八歲即高中畢業，亦即成年時期，已有自主的抉擇力，對於佛法如有認識，由認識起信仰而自由出家，出家後即受沙彌戒，依戒實行，二十歲可受比丘戒，這兩年的期間，專門研習戒律及僧徒應有的普通常識。這階段

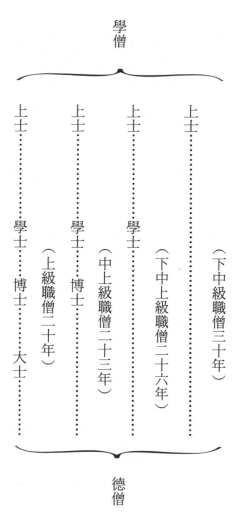

畢業後，即稱上士，如不再求深造者，即可停學辦事。求高深學識者，則進一步入普通教理院四年——如本院一般——其程度等於大學，畢業後可稱學士，成為一中等僧眾，作布教等工作。再求深造，可入研究院三年，如大學之研究院，畢業後則為博士，成為高等僧眾。過此三年，再作三年的修習——如西藏考得格西後，再經三年茅蓬靜修一般——初二年學戒，次七年學教是聞思慧，次三年修行是思修慧，如是修學十二年，聞思修三慧，戒定慧三學才完備。在這十二年修行的期間，都叫作學僧；比丘戒是學僧共守的規則，故要完全實行比丘戒，過著比丘戒的生活。

十二年的教程學滿後，即得大士學位，應受菩薩戒，進入職僧位——職僧即職務僧，一名菩薩僧。前面說的學僧，即比丘僧。職僧以「弘法是家務，利生為事業」——布教及辦理慈善文化教育等事業。

由職僧到年老時為德僧，即道德成就的長老僧，可受僧俗信徒的供養，自己專作修證工夫，以為修行僧之依止，及起人民的信心。以上所說的僧眾數量不必多，全國能有一萬學僧，二萬五千菩薩僧，數千德僧就夠了。能如此把僧伽地位提高，佛法就可以普及民間。

民國二十年，我於佛教會提議的教育方案，多與「建僧大綱」中的學僧制相符。後來內政部訓令佛教會辦理僧教育，佛會曾擬辦法呈部，被╳╳（編按：此處為古書之字體遺失）斥為不合法，而宣布其所訂辦法，與我的提議亦頗符合。曾作有評論，大意云：「正規的建立新的僧制，佛教教育即照我的建僧大綱的辦法，由政府協助，就原有僧眾中，考取可入律儀院修學。若德學兼優者，可推選為菩薩僧，受世人推重的長老，選作德僧。若原有僧眾中，既不能作學僧，也不能當職僧者，則使之受補習教育半年或二年，以求獲得與律儀院相等的程度。倘連補習院亦不能考上者，索性將他淘汰，提出一部分寺產，分養老院、殘廢院，俾安置一切年老及殘廢者。其餘無信心、無戒、無行者，即迫令還俗，設工廠、農場收容之」。╳╳╳（編按：此處為古書之字體遺失）的辦法，復經過內政部等數度會議，都感不到興趣，就無形中停頓下來，始終未見實行。

第四期

一、舊會的整理

我的佛教改進運動，最近進入了第四時期。因為去年組織佛教訪問團到南方各佛教國訪問，雖出於政府的關係，但亦為我原有的心願。因為我未到過印、緬等地，乘此可以考察南方的佛教，和瞻禮佛陀的遺蹟。出國前，曾從昆明飛回重慶一趟，社會部等曾談及健全佛教會組織及遷渝諸問題，使佛教會成為推動佛教事業的總機關，曾約待我回國後著手進行。今年回國，各有關方面又曾談過幾次，社會部近提出整理佛教會的意見書，內容說明中佛會演變的歷史，及政府整理的經過，滬辦事處停頓後應採的設施，對國家社會事業要有所貢獻。這意見書是徵求政府及佛教中人的意見而定其辦法。因為，佛教會無形解體，故先組織一個整理委員會，將舊有佛教會全部停止活動，以待整理而實行。去年公布之修正章程，整理委員由政府聘請德學兼優的僧眾擔任，整理委員會可聘請與佛教有關的長者居士任設計委員。此書曾寄了兩份給我和李子寬居士，李居士曾回信補充意見，可加請章嘉、印光諸師及戴、朱諸公作名譽指導，這就是關於我回國後對於舊會整理的趨勢。

二、大學的改建

我這次到緬、印、錫等地考察後，覺到以前的世界佛學苑雖然可用——該苑是包羅一切，新創一世界佛教，將世界所有各種文字的佛教遺產，蒐羅為綜合比較研究的根據，將研究所得的學理，樹立長久普遍的正規佛教——但用諸改進中國佛教，尚不能作切實的根據，因這計劃太為廣泛。而在印度的摩訶菩提會等佛教團體，曾發起一佛教國際大學，與我世苑教、理、行、果四階段中的教理二階段甚相符。他們請我參加發起，我告以從前曾有世苑的組織，在中國已奠下點基礎，對於組織佛教國際大學甚贊同，惟嫌與世苑重複，不若將「世苑」、「佛大」合併成世界佛教大學。其院址不限定設在什麼地方，為紀念佛陀和復興印度佛教起見，總辦事處可設在印度，歐、美、亞洲諸國，都可以遍設學院，如漢藏教理院，即可為世界佛教大學院之一，所研究的是佛教的高深學理，不須再學普通常識，依照近代大學制度，畢業後即授學士位。有一次，我和佛教國際大學的籌備員詳細談了兩個鐘頭，他們已把擬成的英文章程給我帶回，我現在也預備把世苑的章程寄去，以便互相交換意見，這就是最近世苑與佛教國際大學合併的計劃。

三、新制的開建

新制的開建，這和從前《僧制新論》有著密切的聯絡關係。世界佛學苑，完全以研究世界的佛學，建立世界的佛教為目的。世苑既有與佛教國際大學合併的計劃，使我更感到有復興中國佛教，以中國佛教作它的基礎和中心的必要。此對中國佛教的振興，雖有廣泛普遍的改進功用，但不能迅速的成為有效有力量的表規出來；因為，以中國佛教會為整理機關，僅能使全國的僧寺稍有適當的規制，不能存著過分的奢望。

所以，我們真正的要改進中國佛教，把重興中國佛教的力量發揮出來，我覺得是要有一個模範道場出現。訓練一班中堅的幹部人才，建立適合今時今地的佛教集團機構，使社會人士改善對佛教的觀念，使其他寺院仿效學習。這種道場，無論選擇在那個山城都可以建立，這是前次所講「從巴利語系佛教說到今菩薩行」的今菩薩行之實驗，故和此次出國考察所得的觀感有關。就是說：「中國佛教所說的是大乘理論，但不曾把它實踐，不能把大乘的精神表現在行為上；故中國所說的雖是大乘行，但所行的只是小乘行。錫蘭雖是傳的小乘教理，而他們都能化民成俗，使人民普學三皈五戒，人天善法，舉國信行，佛教成為人民的宗教；並廣作社會慈善、文化、教育等事業，以利益國家社會乃至人羣，表現佛教慈悲博濟的精神；所以他們所說雖是小乘教，但所修的卻是大乘行」。故我當日曾談到要實行今菩薩行，而大小乘的判別，應該從行為表現區分，光是把「眾生無邊誓願度」放在嘴巴上，這不能表現大乘佛教的真精神！

在佛教戒律中，有所謂苾芻學處，我現在很想來建立一菩薩學處，位分六級：（一）結緣三皈：這是些雖皈依於三寶，對三寶尚無正信和正見的徒眾。（二）正信三皈：這都是些智識分子，對佛教已有正當的了解和信仰，由正信而皈佛教者，年齡學識約當十九歲以上及曾受中等教育的程度。（三）五戒信眾——五戒上可受短期的八關齋戒，但不另成一階段——受五戒後，有兩條路線：一條是由五戒後直接發起菩提心，受菩薩戒，成為在家菩薩。一條是受五戒、習八戒後，轉進入出家階級，作沙彌、比丘，受十二年的教育而成為出家菩薩；這和前說的學僧制有著聯絡——在家菩薩經過二十年以上來出家，可適用寶華山般的傳戒儀式，五十三天中受完沙彌、比丘、菩薩的三壇大戒，頓成出家菩薩，因為，已有二十年在家菩薩的實驗。前年鐸民居士與梅光羲居士談五十歲以上方可出家，可與此制相當。（四）出家菩薩，自有其集團制度。更有已具德行、已成菩薩者，統理菩薩學處，在家菩薩、出家菩薩之事業，直稱菩薩行，這是在組織的階位上說。從正信三皈，到五年出家菩薩的初階，應有幹部人才的訓練，以養成菩薩學處的幹部人才。在家菩薩下至結緣三皈，都可為菩薩學處攝化的大眾。菩薩學處的出家菩薩，要經過十二年戒定慧的修學，或經過在家菩薩二十年而出家，但終身作在家菩薩亦宜，以在實行上，同為六度四攝，即是實行瑜伽戒法。六度、四攝是一個綱領，從具體表現上來說，出家的可作文化、教育、慈善、布教等事業，帶家的成為有組織的結緣三皖、正信三皈及至五戒居士在家菩薩，農、工、商、學、軍、政……各部門，都是應該作的工作，領導社會作利益人羣的事業；六度、四攝的精神，就在個人的行為，和為人類服務中表現出來。學處內設立出家菩薩養成所，經過沙彌二年、比丘十年的時間。在學僧的過程中，更設出家菩薩訓練班，使能涉俗利生。另設在家菩薩訓練班，因為，他們對社會事業雖然有經驗，但參加佛教的幹部工作，應更加短期訓練。在三皈至五戒間，則有信眾訓練班，在總組織則有佛教會。幹部人材都可作佛教會發動機。

在攝化大眾的廣泛事業上，在家菩薩什麼工作都可以作，出家菩薩則作文化、教育、慈善。文化方面的，如圖書館、書報等，教育方面，如小、中、大各級學校，慈善方面，為醫院、慈幼院、養老院等。資生方面，如工廠、農場、商店等，都可以佛教個人或團體名義去辦，移轉一般只談佛教消極不辦事的觀念；即在個人行歷中，亦處處現出信仰佛教。向來社會上作事的佛徒，大都不肯承認自己信仰佛教，所以社會人士，就說學了佛不再作人、作事。在家菩薩能夠在每一事業上，都表現出佛教徒精神，社會人士自然對佛教生信仰，僧眾的地位也因此提高，恭敬尚且來不及，那裡還會來摧殘佛教？真正的大乘佛教實行到民間去，使佛教成為國家民族、世界人類需要的精神養料，佛教當然就可以復興。不過，這裡所說的，最要緊是實行表現出來，不僅是空口說白話，或以筆墨寫成的文字。

把最近新制的開建講完，〈我的佛教改進運動略史〉，在此暫告一段落。現在把菩薩學處的系統表格列出，以作這次演講的結束吧：

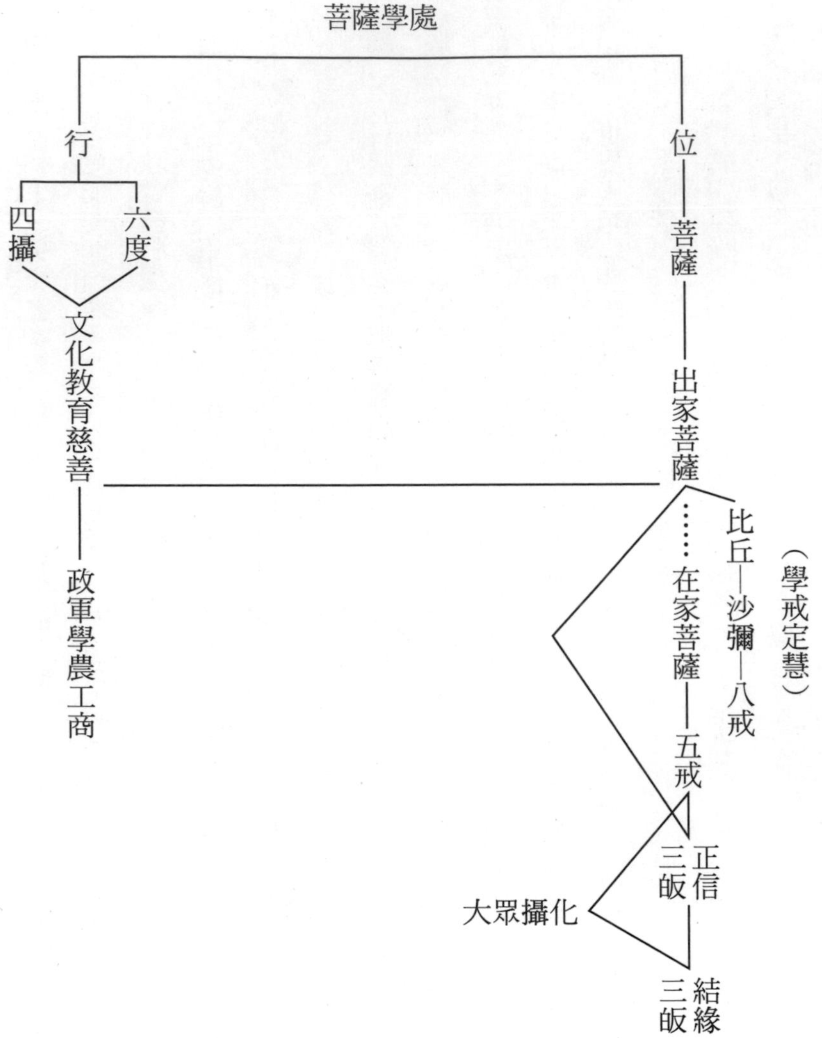
菩薩學處
行
位
四攝
六度
菩薩
文化教育慈善
政軍學農工商
出家菩薩
比丘—沙彌—八戒
（學戒定慧）
在家菩薩—五戒
正信三皈
結緣三皈
大眾攝化

- 幹部訓練
  - 出家菩薩養成所——比丘十年，沙彌二年
  - 出家菩薩訓練班——三月至半年
  - 在家菩薩教務訓練班——一月至三月
  - 信眾教務訓練班——半月至一月
- 佛教會——各級會務
- 大眾攝化
  - 文化事業——圖書館、報館、書局、宣講所、研究會等
  - 教育事業——幼稚園、小學、中學、大學、研究院等
  - 慈善事業——慈幼院、養老院、救苦院、濟病院等
  - 資生事業——農場、工廠、合作社等

（演培、妙欽、達居合記）

《海潮音》第二十一卷第十一、十二期，一九四〇年十一、十二月

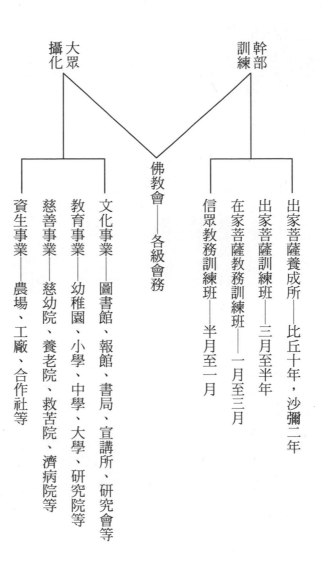

告徒眾書

余在民國紀元前四年至民國三年，受康之《大同書》，譚之《仁學》，孫之《三民主義》，嚴之《天演論》，章之《五無論》，及《民報》、《新民叢報》等之影響，本其得於禪與般若及天台之佛學，嘗有一期作浪漫之佛教革新行動。已而鑒於政潮之逆流，且自審於佛陀之法化，未完成其體系，迺習禪普陀者三載。靜慮之餘，律藏與小乘經論也，大乘之曼殊、龍樹學也，彌勒、天親學也，華嚴、淨土、真言之學也，一一為有系統之研討；旁及經史子之國學，而西學之譯籍亦時瀏覽焉。民國四年之冬，著〈整理《僧伽制度論》〉；民國五年之夏，著《首楞嚴攝論》，其冬又著《佛乘導言》。於佛之制度及其教義，始為大體之規定。兼著古學之周易及荀、墨諸論，今學之破神執、訂天演、辨嚴譯、教育新見、哲學正觀各篇。至民國六年出關，國際之歐戰猶酣，國中之分裂初兆。信條多緒，思路靡端，俛仰千古，盱衡六洲，遂懷救以佛法之志。旋以台灣講學之便，考察日本，益證吾見之不謬。民國七年與圓白、大慈等，創設覺社，即為余作有計劃之佛法救世運動的開始。此運動應用近代社會之組織，欲將出家在家之佛徒組織起來，分荷以佛法救世之任。出家佛徒曰佛教住持僧；旨在先經出世之修證，乃進為應世之教化，用標三寶清淨幢相。在家佛徒曰佛教正信會：以敬佛法僧、信業果報、行十善法為旨，用之移風易俗，構成佛化之倫理、政治、經濟的新社會。閱乎覺社叢書及繼承覺社之第一年《海潮音》，此二種之主張，固甚顯然也。前者見於余之住持淨慈寺，欲先樹僧之模範，並育建設之僧才焉；然以腐僧勾結土豪為阻撓而罷。旋因鄂中信徒慧心等援助，建佛學院，則著眼於養成住持僧及正信會之建設人才也。初期生卒業之後，余欲改組佛學院為律僧院，援助者不從，遂奄然續辦至國民革命軍抵鄂而停頓。後者見於設立於漢口及長沙之佛教正信會。長沙之正信會，以余在湘時甚少，先期腐化；漢會頗有生氣。然以僧眾加入，改稱佛教會，亦漸腐化。嗣雖擴組湖北、湖南及中華之佛教聯合會，失本意愈遠。時已創設廬山大林寺，為國際佛團之組織及宣傳。民國十三年冬季，余嘗短時退隱，靜觀日、藏密宗新入中國之紛亂，及國民黨容共後在中國之新形勢，發生二種新覺悟：一曰、中華佛化之特質在乎禪宗：欲構成住持佛法之新僧寶，當於律與教義之基礎上，重振禪門宗風為根本。二曰、中國人心之轉移繫乎歐化：欲構成正信佛法之新社會，當將佛法傳播為國際文化，先從變易西洋學者之思想為入手，因著《人生觀的科學》及《大乘與人間兩般文化》，以見其意。余從十四年春，廣宣佛教於北京、於日本、於甬、於蘇、於南洋、於福建、於杭、於滬，迄今猶從事於此二者之選擇及預備焉。而貫持此十年來佛法救世運動之宗旨者，則為由覺社叢書嬗生之《海潮音》月刊。

顧今則發生俗之僧奪與僧之俗變二大危機矣！西漢以來，中國之社會，處儒教專化之下，佛法雖來中國，以避其排斥，僧乃遊方之外，住持佛教之淨儀。而社會之承受其化者，一為功成身退之隱逸；一為施政者藉充神道設教之用，以鬼神禍福輔治愚民；故非僻於離世之禪寂，即為腐於流俗之迷信，初未嘗宣傳佛法之真義於民眾，俾社會之倫理、政治、經濟裁成於佛之教化焉。唐、宋來為僧化根本精神之禪宗，宋、明儒亦聞其風而自張門戶也。夫禪宗本高建於律與教義之基礎上者；元、明以降，律儀隳弛，教義淹晦，宗門亦漓為大話欺人之口頭禪。持律、談教之淨土家，乃從而代之：故明、清來沙門居士之高者，大抵歸崇淨土。然晚清後儒化之中國民族，一被劫於西洋之武力侵略，再被劫於西洋之宗教侵略，三被劫於西洋之民治侵略，四被劫於西洋之科學侵略，門戶洞開，藩籬盡撤。值此思想解放之時會，清末楊仁山居士汲汲流通經典，遊扶桑者既習聞佛故，康、譚、章、嚴、梁氏等之政論者，亦時好談佛，於是佛之教義浸為士夫學子所留意。佛學研究會之居士團，亦萌芽於斯際，且嘗有佛學叢報以鼓吹之。至民國七年余出為有計劃有組織有紀律之倡導，佛之風化，遂流行社會。軍、政、商學之士，習之者漸趨興盛，唯識、三論、真言之宗趣，亦探求日廣。第回觀住持佛法之僧寶則何如歟？自禪而淨，已成江河就下之趨勢，且今亦僅存印光法師之碩果。其他則乘機以掠名利恭敬，傳律、宏宗、演教云者，亦滔滔為應付經懺之類耳。於是住持佛教之僧位，漸為居士侵奪矣。然華嚴、天台二家及余興學之結果，流布為華嚴學院、法界學院、清涼學院，與天台學院、明因講舍、山家講舍，及四川佛學院、閩南佛學院、弘慈佛學院等，亦不無承學之新僧也。但既無高等之道場以攝彼修學深造，復無改善僧制以適應施設之地，內不容於腐化僻化之舊僧，外被牽迫於民眾之輕蔑於僧；於是除少數之高蹈遐舉者，多有反僧而從俗、變化其生活者也。有此俗之僧奪與僧之俗變之二端，余十年來有計劃有組織有紀律之佛法救世運動，乃為之根本摧破。故今於十年來貫持此運動之《海潮音》，亦不復憐恤其生命之斷絕也。

夫此運動之失敗，舊佛徒不足責，獨責出家在家之新佛徒昧於分宜耳。在家新佛徒昧其分宜：不及者，則腐化僻化於舊僧，於是遂欲以齋公齋婆放生念佛了之，或由有錢及欲發財以過安閒隱逸生活了之，江浙之在家佛徒比比然也；太過者，則以僧之無能而不足崇也，欲奪住持佛教之僧位而代之，為法相、真言之學者又比比然也。殊不知其分內所宜為者，當上摧隱逸之僻化，下破迷俗之腐化：敬佛法僧、信業果報、以安心定志，行十善法、作四攝事、以立身處羣。近之則足以建設佛化之倫理、政治、經濟的新社會，致國民於安樂，造國際之和平；遠之則為修十信心之菩薩，無上菩提奠基於是，勤勇精進，大堪有為！烏用擾擾於鬼神生死之夢想哉？出家新佛徒昧其分宜：不及者亦腐化僻化於舊僧，遂欲以當寺職、充院主了之，或欲以逸居無事念佛等死了之；太過者，則唯知以辦學、宣傳、服務、作工為事，而欲取僧之寺院產業皆化為基督教青年會式而後快，無法以達之也，則紛紛退僧而返俗，以自尋其新式之生活。殊不知其分內所宜為者，固當以持戒、忍辱、苦行為本：深入僻僧中以自為出世之修證——若余之閉關普陀——而開發彼為法為眾之悲願；深入腐僧中以潛行應世之教化——若仁山法師之潛居觀宗——而引起彼輩求學持戒之慚悔。如是乃能轉舊成新，建設清淨幢相之新僧伽，住持佛法，師表人天！烏用逐逐於利衰稱譏之境風哉？

雖然，此運動之失敗，亦暫時之過程耳，非終一屈而不可伸也。出家在家新佛徒，從事佛教住持僧與佛教正信會之分內所宜以篤行者，猶大有其人在，特未能以鮮明之標幟，集中幹部人才以為之領導，故其力量未能表現而已。就出家之新佛徒言：余近在閩南演說之救僧運動：一，真修實證以成聖果；二，獻身利羣以勤勝行；三，博學深究以昌教理；第一第三則常惺、大勇、大愚諸同道，今亦不無厲行者。就在家之新佛徒言：胡君子笏最為有志，蔣君特生似亦近乎，他若唐大圓、周少如、羅庸、楊卓、臧貫禪諸君，亦同其意。能有一領袖以團結之，皆十善菩薩為中心的新社會之骨幹也。佛陀救世之大業，新佛徒方建築更堅之基址以為艱難締造；而余則徘徊瞻顧於積極救僧運動之第二第三項，或轉身從事於十善菩薩行，猶待觀機再為選定焉。然正信佛徒欲建設十善為精神之新社會，必一方破除腐化僻化之陳俗；一方則尊佛奉法敬僧，深明業果之原理而諦信之。有父母、子女、兄弟、姊妹、夫婦、親戚之家族，有首從、師資、朋友之社會，有農、工、商、學、軍、政之職業，務須切近人情，平易可行，乃能普及民眾而表現十善精神於倫理、政治、經濟之全部社會生活。余於覺社叢書所發表之《佛教人乘正法論》，頗具其綱目焉。故凡所主張不可侵入超俗之僧伽行誼；而周君少如之五戒心法等，已嫌過高矣。余此非敢為一般佛徒告也，僅告從余起信於佛法僧者之徒眾耳。從余直接間接起信佛法僧之男女緇白徒眾，當不下萬餘人也。此萬餘人誠有十分之一百分之一千分之一能認清此二途徑（《佛教人乘正法論》及〈整理《僧伽制度論》〉），分工互助而奮勇精進，則此人世必將有普被佛光之一日乎！

余既宣告《海潮音》停刊，徒眾中即有欲組「海潮音學社」以持續之者，但無論改為半年刊為季刊或仍為月刊，對於佛法僧皆當有一貫之宗旨：

一、佛觀：

（一）佛之根本觀念必在釋迦牟尼佛。

（二）信釋迦牟尼佛確得無上正徧覺，最高無上。

（三）毗盧遮那或大日或盧舍或金剛持皆為釋迦牟尼大功德聚之別名，不得視為牟尼以外之他佛。

（四）他世界之阿彌陀佛、藥師佛，或往劫之燃燈佛等，皆由信釋迦牟尼佛之說而知之者，皆與釋尊平等。

（五）佛為積三無數劫大行所圓之極果，不得與流俗所稱為活佛等混同視之。

（六）佛為出世三乘聖眾中之大聖，人天猶為凡夫，不得與孔、老等凡世聖人混同視之。

（七）佛為法界諸法——宇宙萬有——之正徧覺者，亦為教化一切有情令皆作佛者，不得與一神教的創造主宰及多神教的禍福於人等迷信之神混同。

二、法觀：

（一）一切經律，皆源本佛所宣說之聲教，由佛徒歷次結集而成者。

（二）佛徒結集佛說，初亦口誦相傳耳。用文字寫成書本，則先後不一時；以佛徒時代不同，故小乘與大乘之經律，亦寫成先後有殊。

（三）信徒人天之聖人，必有非常之勝事，故經律所言不思議事，皆應確信為實事，不得以凡識疑議之。

（四）諸論及撰述語錄，皆賢聖佛徒修證有得，宗依佛說而闡揚詮釋者，故今亦可憑佛說及親證而研究抉擇之。

（五）大乘諸宗之各標其勝，在集中其理解於一念而起觀行，建宗趣行或殊，真本覺果無二。

（六）菩薩藏法與聲聞藏法，境行果皆別，然聲聞境行果亦為菩薩所含攝。

（七）佛之教法發源於佛及聖眾之無漏智泉，故不得視同其餘出於有漏凡識之教學，但於餘教學皆可或破或攝以助顯無上義。

三、僧觀：

（一）勝義僧寶雖在三乘聖眾或賢聖眾，但此土之住持僧寶，必在出家五眾，尤在苾芻眾。

（二）他方淨土雖或純一菩薩僧，無有在家出家之別，但此濁土則須出家菩薩乃入僧寶。

（三）住世持教之佛徒團，應依七眾律儀而建立。在家二眾佛徒，雖非全僧，亦非全俗，此為已進三寶之門者，異於隔離三寶之凡俗，故曰近事，為介於僧與俗之間，可稱為「居俗近僧眾」。受三皈以上及日本之真宗徒等，皆攝屬於此。由此中修轉輪王十善行者，攝化民眾，建設新社會，利樂人世。

（四）尊敬三乘賢聖僧，彌勒菩薩等雖現天相，亦同大乘聖僧尊敬。

（五）敬崇出家住持僧眾——但最低限度，須明佛法大義、信心充足、能持苾蒭四根本戒者，乃認為出家住持僧眾。

（六）不知佛法亦無信心且不持戒者，應驅出於僧眾之外，不認其為出家僧眾。

（七）由具僧相僧德之僧眾建設佛教清淨幢相之新僧寶，師表人天。

此為覺社叢書第一刊以來一貫之宗旨。若能成立一「海潮音學社」以持續此對於佛法僧之宗旨者，則為持續《海潮音》生命。否則雖仍月刊一編，亦非復《海潮音》之持續。

徒眾中亦有分辦《海潮音》流類之雜誌者，若四川、泰州、陝西等之佛化刊物；亦有辦佛學院流類之學院者，若閩南、四川等佛學院，及乳獅學院，覺賢學校、佛化學校等。亦有辦正信會流類之在家佛徒團者，若北京佛學研究會、泰州念佛會等。更有持續或創設之佛徒集團者，若北京之世界佛教聯合會事務所，中華佛教聯合會籌備處，及各地曾辦之佛教聯合會與佛徒協會等。凡是等等，今雖未能鮮明此一佛法救世運動之標幟，而為此一運動之主軍；但從此若能認清住持僧與正信眾分宜所在之宗旨，分工互助以堅持不退，進行不懈，亦未嘗非將來得告成功之因素也，願皆勉旃！

《海潮音》第八卷第十二期，一九二八年一月

中國佛教

震旦佛教衰落之原因論

震旦佛教，非始於漢明，周穆王時既有之。《穆天子傳》洎《列子》，皆稱西極有化人來；詳所紀神變言辯，蓋是大阿羅漢、大自在菩薩之流。老子西涉流沙，曰：吾將從師古皇先生遊。孔子動容對商大宰曰：西方有大聖人。莊子敘女偊，有聖人之道。莊、列皆談生死流轉義，列子又有毀訾殺噉禽獸文，莫不概乎有所聞者也。遊於華嚴法界，則之數子者，亦善財所參知識耳。要之，釋尊聲教之及震旦者，當在佛寂百年後，印度無憂王布教之時。由東印度至北印度，經衛、藏諸國，轉輾而至。偶有一二人，惟康僧會之行道吳野，唯體道如老聃，博聞如孔丘，始獲間逢而默識；凡俗者，則非所知也。穆王時，則聖者化現偶露端倪而已。始皇帝時，有室利防等十八西域人來傳佛之教，軛於虐政，遯去。此事尤與僧會師相似，且必嘗繙有經典。故劉向校經，稱往往見有佛經。其序《列仙傳》，又稱已有七十三人曾讀佛經。所云佛經，當是修禪法要等經，故得近於神仙；即東漢時所出佛經，亦皆禪法居多，此其證也。然古今皆稱震旦佛教始於漢明永平七年者，則以帝王崇信，三寶初具，既顯著乎一時，後世因之流傳昌大，不復斷絕耳。但從漢平以暨唐武宗之世，其流變雖繁，要皆日趨於隆盛。今欲原其衰落之因，則當託始於李唐末葉。夫履霜而堅冰至，其由來者漸矣！茲試論之。

化成

有為世相無常住者，生異滅三，有則俱有，乃不可逃避之大例也。不觀夫園植乎？始焉勾萌坼甲，勃然怒生；逮乎蔥鬱華茂，則蕭寥之象，旋踵而至。夫園植則小者、近者耳，然天下事之大者、遠者可推知矣。跡出乎履，化形乎道，故聖人履道而不拘化跡。然吾人就其化跡而察之，則化之大成，固即漸衰之始也。佛教化被震旦，歷一漢、兩晉，以訖陳、隋，所謂勾萌坼甲勃然怒生之期也；由隋以訖會昌大難之前，所謂蔥鬱華茂之期也；又後，則蕭寥之象繼之矣。故震旦佛教化成乎隋唐，唐季以來，不寧無所增益，即能傳述者，亦難乎其人！然化成乎隋唐有徵乎？太虛曰：有。

一、**徵繙譯**：繙譯佛書，雖宋、元猶有之，然檢之龍藏，殆無百分之一；且其所譯，初無講誦者。而隋、唐諸師譯出者，則佔譯本十之五六，除姚秦羅什三藏、元魏流支三藏所譯者外，其文理密察、道俗宏通者，亦皆出於隋唐之時。而天竺大小乘經未至者猶夥；厥後亦非無交相往來於兩土者，譯經之業遂絕，亦以玄奘、不空諸師，光輝盛烈，來者難繼耳。

二、**徵宗法**：陳、隋之前，都未能籠罩全藏，黜陟升降，成立一家之宗法。道安、慧遠二師，稍稍能條理經論，然譯筆既拙，又未能備，得其一門而自修則可，轄然貫通則未能。羅什三藏始卓然有所樹立，亦只中、百、成實而已；華嚴、法相、涅槃諸部，既未全備，何能集其大成乎！故嘉祥師講三論，又迴不同前也。其後或講涅槃，或講攝論，或講地論，規規於一經一論而名其宗；要之，未能囊括無遺者。至陳、隋間，天台大師起，契悟既大，經教亦富，乃能抉擇華嚴、般若、法華、涅槃諸大部，盡破夕前師之封蔽，成立一家之發觀；然當時義學大盛，講習互諍，未獲一致焉。故玄奘三藏，慨舊譯訛謬，無從取決，欲窮其根源而整理之，其學殖益閎肆深密；雖未能盡出所歸梵本，而所出者義例精嚴，皆能駕軼前古，故慈恩師得其少分，已足成立一家之宗法。清涼師尤為後起，既專華嚴，復徧學於慈恩、天台、曹溪諸宗，建一極而破攝餘宗。天台禪師，時宗未盛，故不論及；清涼師則禪宗亦收於頓教矣。不空師之成真言宗，空海繼之，殆與清涼師同時。真言則不僅教義而進於神秘者也，然亦不廢教義，其以十門揀別凡愚小大，雖華嚴亦未臻圓極，故足專人敬信。南山宣律師，嘗遊奘公之門，彼時律師雖有三家，無出其右者。律貴行持，而又為出家部眾之本，諸宗共重，因得並存。然義淨三藏謂天竺諸部戒條簡明易持，中國則科而又科，釋而又釋，終身治之，猶難嫻悉，亦足徵彼時講律之細密，不亞今時世俗法律學之牛毛繭絲已。蓋天台後大乘師，非究貫全藏，徧善諸宗，破餘立一，釐然允當，絕不足獨闢蹊徑，成一新宗，故慈恩、南山立八門，真言、清涼立十門，辨別練擇綦嚴也。若曹溪、淨土二宗，則以教、律、神秘大興之下，學者倀倀乎窮於探索，反博為約，進之修證，而示以歸宿，平實簡易，足當應病之藥。故善導、曹溪持佛悟心之門，不唯大盛於唐，至今日猶為佛教大國，教、律、密無力與抗也。震旦古稱十三宗，實則地論歸於華嚴，攝論歸於唯識，而涅槃雖不同法華部，天台之後亦尠專治者，故實只人乘八宗為止。所述小乘二宗，曰俱舍，曰成實。之十宗者，則皆全成隋、唐之世者也。後代唯曹溪、淨土二宗，頗能恢擴，小乘二宗全絕，其餘時浮時沈，欲復故觀，已屬難得！宋、明來宏楞嚴者最多，然或依文解義，或傍禪教諸宗註釋，無能自樹。要之，唐季以來諸師，但依舊轍而已。蓋以諸宗祖師建立者，精微廣大，更難超勝；且經論繁多，莫能盡致，雖有懷疑，無敢深求，所以末由別開生面；然佛教於以替矣！

三、徵競論：考唐代之前，共緇衣競者，皆黃冠者流，崔皓、傅奕雖為太史令，亦黃冠也。儒者則依違二者，間為排解調和，多黨佛者。若何承天、范縝等諍離形之神滅不滅義，此非佛教要義也。唐後，則僅宋徽宗有惑於黃冠林靈素之事，其他若韓、歐、程、朱之爭，則儒與佛競之大者。儒教宗孔，孔所述，皆先王成法，蓋震旦舊來沿習之體制。佛教、道教，皆方外攝，不希執政臨民之權，故與儒者無競。隋、唐之間，經智者、玄奘、賢首、善導、不空、慧忠諸大師，震大法雷，雨大法雨，化洽朝野，道涒中外，頗有移風易俗之勢，將令震旦之成俗國習一變，奪儒者所守，儒乃岌岌自危，起與佛競，此亦因佛化旁魄充斥乎震旦故也。競於方內，則不得因循世俗，隨順國習；真理勝義，反不若世論常文之事省而功多，故教體於是乎寖卑！略徵三事，足見佛化莫盛乎隋、唐。盛則成。成則老，老則衰，削痟鎖趍，寖衰寖微，遂寖有今日。替極而轉盛，竊有望於來茲，未敢必耳！

政軛

震旦佛教厄於政權者，傳稱三武一宗。然魏武、周武，皆偏據一方，此蹶彼踊，非能芟滅。且佛典翻譯講習未備，諸宗皆在後起，故為禍不烈。徽宗僅改佛教名稱形制同道教，未嘗滅佛也。獨唐武宇內統一，佛教全盛，彼時蕩滅雖未及二載，旋即興復，而不久繼於五代之亂，教典失逸，徒眾遁散，精神、形式，喪亡極矣！唐末以訖五代，革命如梭，律眾教部無依歸，實唯禪宗諸師，水邊、樹下，延佛一線慧命，其後諸宗之復起，一皆賴之。而教典之散逸者，或於五代時，或於南北宋時。或於今時漸次由高麗、日本還歸，或迄今猶未還歸。或未嘗流入日本、高麗竟遺失不傳者，徵之《開元釋教錄》，亦纍纍皆是。然亦有於元季之亂而逸者，若法相宗諸部等。此則震旦佛教關於政變而衰落者也。

戒弛

天竺大乘，律無定相，大略同於梵網，開遮持犯，則又隨其當時之大師，轉移輕重。其出家大士，依聲聞眾住，僅隨順聲聞各部之定制耳。在家者，更無論也。蓋大乘之士，智證為首，服戒持法，非所殷重。小乘則戒律為首，其分部別居，多半起於戒律上之爭執。故二十部，部部有各別之戒本，細分之則有五百部律，然壹以優波離所集、大迦葉所傳戒本為共主，故部部皆原本於佛制也。震旦譯此者，只天竺二十部中之四部；而隋、唐來盛弘者，則唯天竺曇無德部之四分律；唐代礪、宣、素三家，皆屬此部，而後代以宣律師為正宗，以其行相備足，大小通和，實集聲聞、菩薩律藏之大成也。然戒律之起，本起於教徒及世俗之交涉，除波羅夷、僧殘之外，或避世俗嫌疑，或因時地風習，佛隨事增制，本難一定。如天竺五月至九月為雨時，不便行乞，故制安居之條；天竺出家道人，向習乞食，故制關於乞食遊行時諸戒；震旦俗尚，風習既異，勢難一一照行。且在天竺，因其風俗習慣而節文之，故一覽便知，簡明易持；此土俗習迥殊，譯義隱略，又不得不科分段析而講之，記疏紛繁，學者益昧，雖終身學戒，猶難詳悉，禪、教、密、淨諸宗皆苦之；然唐代之前，莫不依律寺而住也。逮曹溪之風大行，禪者疏放，不便律居，且格於習俗難行乞食，山中林下，信施莫恃，必須力耕火種，自食其力；於是百丈倡製禪宗清規，不居律寺，禪眾所依，名曰禪寺；講宗、淨宗效之，則曰講寺、淨寺。宋、元時，曹溪之裔，欲張其宗，壞律居為禪寺，尤汲汲焉。由是律學廢弛，律義沈晦！有謹謹持律者，即以定共、道共嗤之。其受戒者，不過練習形儀，奉行故事而已。範眾者，轉在各寺之清規。其不依眾住者，益搖蕩恣睢為高，律條之威用失，則徒侶鮮攝齊莊敬嚴肅者，而貽譏世俗寖多矣！明季諸大師憂之，若雲棲、靈峯二師，皆勤修戒學，為學徒勉力，矯宋、元禪侶之弊，恢復律居，嚴重持受。靈峯師尤痛詆當時禪眾恣放，誓返佛律之本；然矯枉過半，不勝積習，其效果蓋鮮矣。後有明哲者起，庶幾斟酌佛律國俗之間，酌定善制，使佛律國俗並行不悖，起佛教之衰，無重大於此者也。教理無論如何高尚，苟律儀不備，終莫免徒眾渙散，世人憎嫌。而今則猶賴叢林清規，淘汰名字比丘之俗氣，藩籬僧伽，足徵百丈因地制宜之巧，禪宗亦託之彌暢也！

儒溷

宋、元、明諸儒，非孔、非佛、非老，亦孔、亦佛、亦老。何以非孔？以其偏取孔教之少分，而遺其多分也。何以亦佛、亦老？以其亦取佛與老之少分也。何以非佛非老？以其趨功利，希政權，重榮名也。何以亦孔？以其尊孔聖，入孔廟，口仁義，談綱常也。割孔、佛、老之少分義理，嫥嫥以訓講論、孟、學、庸，肩孔、孟為旗幟，內距左、荀，外排佛、老，囂囂然謂承千百年既絕之道統。然競為華辭，則又氾濫於遷、韓之奇文，江、鮑之駢辭，及漢、唐各體詩歌，而五經傳記、先秦諸子反委棄塵埃矣！其於佛書，只竊禪家之語錄，則以彼時諸宗消歇，唯禪風大行，可代表佛教也。夫禪宗不立文教，只貴智證，其流傳之片言隻語，本非實法，都無經界。儒者依語尋義，玩弄於光影門頭，迷惘失情之狀，殊可嗤笑！妄肆批評曰：其語近理亂真，其語大謬非法，陰受之而陽拒之，卒之拒非所拒，受非所受，顛倒溷亂，誣眾欺愚而已！彼時禪宗雖盛，兼善自他教義、嫻於破立者，亦鮮其人。且儒者粗暴，往往憑恃政權，蠻行逆施，禪德但欲柔服潛化，故亦不能簡別而揮斥之。初唐之先，學者共知儒為治世之宗，佛為出世之教，儒為方內之行，佛為方外之道，儒為刑政之本，佛為心性之統，各安其是，不相伐害，廬山、圭峯諸師，區別綦嚴，約定俗成，從不許淩亂也。自夫宋儒，始竊佛家性理歸儒，仗儒家倫理拒儒，效為聚徒說法，效為建宗傳道，效為語錄，為苦行，逐功名，徇利祿，守妻子，甘醴豢，則復以倫常自衛，於是儒佛交困，儒佛交敝。然亦未始非教律喪失，僧侶空疏，不學無術，但誦偈語，蕩然於名守義閒所致耳！

義喪

道安師而後，義學漸盛。隋唐間諸師集厥大成，建立教宗，擅長門學，皆行解相應，禪慧雙運，從無住本，張聲教綱。即達摩、慧可、道信、嬾融、宏忍諸師專提向上者，亦皆善宏楞伽、涅槃、般若、金剛諸部，不廢講說；曹溪則尤精而兼之者也。但曹溪、神秀，同出五祖而有南北宗之分；道聽之流，乃謂曹溪目不識丁，掃除教義。殊不知自證聖智，絕言思故，文字相離，故唯貴悟；若其出世為人，固未嘗不三藏十二分教，波湧雲興乎口頰也。文殊院師謂：「既到這裡來，只與本分草料，經有經師，論有論師，又爭怪得老僧！」則正以盛唐之後，教律蔚興，但接聞思資糧圓滿者，令入三摩地，得自受用三昧，故單唱宗旨耳。若夾山、德山之輩，則其選也。此固達摩西來之正旨，抑亦諸宗大師之極詣。從聞思修，入三摩地，寂滅現前，忽然超越，楞嚴既明言之矣。然自唐武宗滅法，教典蕩失，義學盡絕，禪宗諸師，殷懃採集，若天台韶師、永明壽師、長水璿師等，教家皆憑之復興，心殊苦矣！孰謂禪宗一向廢斥教義哉？當義學盛時，難普賢瓶瀉，文殊鉢化，正不妨趁向白牯黧奴隊去。苟學絕世間，雖釋伽猶須哆哆啝啝現下劣相，亦曰時節因緣為之而已。寒山、懶殘、玄奘、道宣，亦何異之有？昔某顯者欲從某禪師鬅染，禪師曰：以公淡泊，可得沙門，但猶須培植福智資糧，多從經教聞薰，此道則未能遽相應矣。後世不知此意，於教律掃地之日，尚一味教人廢學絕思，是欲生龍蛇於枯井淺草，栽蓮花於焦土石田也，豈可得乎？況閒邪簡妄，俾魔外無從溷濫，而向眾生無明有愛田中，闇布般若種子，生之、熟之，漸與法界清淨等流相接，尤不可闕略者哉？考之震旦佛教教義，實衰歇於會昌之難，宋代諸師才成中興之業，而經歷宋季、元代、初期之數百年，善知識專務死坐，斥教訶律，謂曰向上；小乘二宗，無人講習固矣，即三論、法相、天台、賢首諸宗，奧義微旨，亦極沈晦。然晚明之世，儒者講學大盛，佛教亦並時興起，教有雪浪、交光、雲棲、幽溪、明昱諸師，禪有紫柏、憨山、博山、永覺、三峯諸師，復有周海門、袁中郎、曾鳳儀、錢牧齋諸居士，皆宗說兩通，道觀雙流，各就所得著書立說，法運之盛，唐以來未有也。逮靈峯蕅益師，尤在後起，所託既高，契悟深遠，生平勤於著作，其說深入顯出，明白精審，凡一百餘種，燦然成一家言；禪、教、律、淨、密，無不賅括，教義宜可復唐代之盛矣！然非天資絕特，不能承傳其全，其門弟敏行者多而博學者少，故臨沒嘆曰：「名字位中真佛眼，不知今後付何人！」其道今雖盛宏，依文解義，執其一端，而嗣經國變，清代諸帝皆重喇嘛，旁及禪宗，雍正尤喜專提向上，稍涉經教者，若覺範、紫柏、憨山、三峯等，皆被訶擯，雲棲、蕅益亦在所議，故義學之風，又為斬絕。此後，除替人誦懺者外，但以老實坐香念佛為高耳！

然雍正實有契佛教、明大振興之者，以欲禁絕儒者之講學，故兼惡僧徒之交遊士大夫耳。且其發願，於十年中專心治國，十年後則專宏佛教。其訶禪者但攻文字經教，不真參實悟，亦是宗家正旨，特偏於一門，未見佛法之全耳。然觀其撮錄涅槃等經、僧肇等論，整理龍藏，序讚佛祖，使得永其位，不遽殂落，則由宗通而說通，其提倡者固有待哉？惜乎早夭，而佛教竟未受其益，且愈害之矣！高宗則陰惡佛徒，至逼死世宗所尊顯者，亦由彼時僧德卑陋，鮮能自責，逐逐於帝王之榮辱，遂成此惡果。高宗後，則禪宗亦敝，叢林但依樣葫蘆而已！可稱述者，江浙間三四道場，清規謹嚴，衲子尤能食苦甘淡泊焉耳。

流窳

佛教在今日，其衰落斯極矣！無他可述矣！但有末流之窳習矣！可略別為四流：一，清高流：頗能不慕利譽，清白行業，或依深山，或依叢林，或以靜室，或修淨土，或覽經論，或習禪定，但既無善知識開示，散漫昏闇者多，明達專精者少，優游度日，但希清閒，此流則所謂鳳毛麟角，已屬最難得者矣。二，坐香流：自長老、班首、職事、清眾、羣居三二百人，講究威儀，練磨苦行，但能死坐五六載，經得敲罵，略知叢林規矩者，便稱老參，由職事而班首，由班首而長老，即是一生希望。其下者，則趁逐粥飯而已。三，講經流：此流則學為講經法師者也，其徒眾與坐香流無甚別，師家則授以天台四教儀、賢首平教儀、相宗八要——此數書亦無人兼善者——，使由之能略通楞嚴、法華、彌陀疏鈔三四種，在講座上能照古人註解背講不謬者，便可稱法師矣。下者，則或聽記經中一二則因緣，向人誇述而已。四，懺燄流：則學習歌唱，拍擊鼓鈸，代人拜懺誦經，放燄設齋，創種種名色，稗販佛法，效同俳優，貪圖利養者也。元代天台宗沙門志磐，作佛祖統紀，已謂「真言宗徒，流於歌唄」，則其由來久矣。然在彼時，但真言宗徒耳。禪、教、律、淨宗徒，鄙夷之曰應赴僧，今則殆為出家者流之專業，人人皆是矣。

右四流，攝近世佛教徒略盡。而前之三流，其眾寡不逮後之一流之什一；而除第一流外，餘之三流，人雖高下，真偽猶有辨，其積財利、爭家業，藉佛教為方便，而以資生為鵠的則一也。而第四之流，其弊惡腐敗，尚有非余所忍言者。此四流之外，尚有一種守產業者，美衣豐食，一無所事，亦不受戒，亦不讀經，凡佛教中事，一切不知，或能粗知文字書畫，與俗士遊，則光頭禿頂，雖居塔廟，不與佛教徒數者也。頃十數年來，感於世變，騖趨於世俗學藝、世俗善業者，寖見繁盛。以本不知佛教學，故多有拾人鍮石而棄己衣珠者，將謂佛法在彼而不在此，則又新起之一流也！孔子曰：「飽食終日，游談無藝，不有博弈者乎？」則此流雖非佛教之真，亦稍賢於一無所事者已。然斯蓋鄉婦街士所優為，何待於至真、至善、至高之佛教徒哉！

《海潮音》第二卷第三期，一九二三年四月

建設現代中國佛教談

緒言

本刊的編者計劃著要出「中國佛教建設號」，發來了徵稿書，並且再三再四的催著要我作文，我在流水行雲中那裡有暇時寫。何況提到現代中國佛教的建設，二十餘年來已不知空說了幾多的閒話，到今閒話還是閒話，並不能稍成事實！縱今現在有閒心思以寫得再詳盡點，也不過添些文字言語罷了，所以更加提不起興來！不得已，只將現在所講的幾篇講詞，及以前說過而可收拾到這個題目中來的論議，裁湊攏來，聊塞其責。

歷史上遺留下來的殘渣般的佛教，原有塔像僧寺，亦仍是依了人民俗習，及社會病態發酵似的變化生滅，而隨著內外時勢、亂草般的佛教新興會團學社，更顯出左支右絀東傾西撐的鼓盪姿態。總而言之，尚沒有可以整理的著手處，所以也走不上建設的軌道，這從佛教徒的本身來觀察如此。然此乃有關整個之中國社會及政治者，以無社會的定型及政治的常軌，故虛弱的散漫混雜的佛教徒眾，亦不能有契理契機之建樹；何況中國的社會政治又受並世列強的牽掣而使然，若佛教徒不能有堅強的嚴肅的集團出現，直從轉移世運振新國化之大處施功，殆無建設之途徑可循。然中國的佛教實已到了潰滅或興建的關頭，設使不能適應中國現代之需要，而為契理契機的重新建設，則必趨衰亡之路！如印度以及阿富汗、瓜哇等，昔固曾為佛教盛行地，今只有殘蹟可供憑弔耳！噫！我四眾佛徒，能不憂懼以興乎?!

佛教與中國文化[1]

一、中國文化概觀

如建設現代的中國文化，一面固然必須吸收現代西洋文化的精華，而另一面也必要找出中國固有文化的特徵。因固有文化在中國已有了幾千年的歷史，我們不能完全撇開它不管；若撇開固有文化而侈談現代文化建設，這建設就要成了不可能的事。但是一談到固有文化，一般人往往即拘縛於宋明理學的儒家思想。實則宋明理學的思想，是不足以代表固有文化思想的；我以為應該在各時代找出中國固有文化的代表，歸納之，可有六個特點：

（一）周秦子學：我想，中國文化的黃金時代，即是周秦的諸子，在中國學術史上大放萬丈光芒的異彩，思想最豐富，亦最發達。所謂諸子，即孔子、孟子等，都包括在內。諸子之學術最有價值，當然是要佔中國文化的第一把交椅。

（二）漢唐文學：文學在廣義上說，歷史文字一類都可歸之於文學。中國的文學，當以漢唐時代的文學為最優美，因為自周秦文化思想發達的結果，便產生出漢唐兩代優美的文學；故要講中國的文學，其特點宜在漢唐二個時期。

（三）魏晉玄學：講到玄學的特色，便要推魏晉時代。在這時代，老、莊、易經的學術思想最發達，造成了那時代的思潮；故其在中國文化中，亦佔有頗重要的地位。

（四）隋唐佛學：佛學在中國，自漢至今，已有一千八九百年的歷史，而其最發達的中國佛學黃金時代，便是隋唐的佛學，在中國文化史上曾放過特別的光彩；故中國文化的第四特點，應要數到隋唐的佛學。

（五）漢清經學：考察經學的發生，始於漢代，由漢武帝尊尚儒家而罷斥百家的思想，便成立了經學。經學到了清朝，因研究者繼起，頗有發揮，此時代實可說是集經學之大成；故漢清的經學，也是中國文化中的一種特點。

（六）宋明理學：宋明理學，亦是中國文化學術中一種有特殊意義的學術，看起來，是儒佛或儒佛道思想的結晶品，但亦有把中國向來的文化削小萎弱的地方；但宋明理學昌盛後，中國的文化就漸漸失卻生氣了。其實，這只是儒家思想的一部分，參加佛道的片段思想，以為集成此一文化的因緣；故知宋明理學，不過是中國文化中的一部分，是不足以代表中國整個文化的全體。

根據以上周秦子學、漢唐文學、魏晉玄學、隋唐佛學、漢清經學、宋明理學的六個特點，把它研究得融會貫通起來，方能觀察到整個中國固有文化。故所謂中國文化的概觀，便是舉此六個特點，概觀中國固有文化之全體；若要發揚固有文化，應該注意這六個特點。否則，所謂固有文化，就未免遺漏不完全了。那麼，佛教既是六個特點中的一個特點，當然可算是中國固有文化的一種。

二、隋唐佛學概觀

（一）隋代集前期之成：佛教在東漢明帝時代，已傳中國，至唐代已經四五六百年，唐後直至明清又有千餘年的歷史，那麼，為什麼丟棄別的時代不談，專談隋唐時代的佛學呢？這因為佛學自被中國吸收過來，至隋唐時代，始完全融化了變為中國的佛學的時候；故講中國佛學，必推隋唐，隋唐時代是佛學大成的時期。佛學在中國有許多的宗派，都在此時發生和長成：如成實宗、三論宗、涅槃宗、地論宗、攝論宗、俱舍宗都在隋時成立；尤其是地論宗的隋慧遠法師，著了一部《大乘義章》，把隋代以前的佛學思想融會貫通起來，成了佛學思想的結晶，是集隋前幾百年來佛學思想之大成。還有，天台宗的智顗大師，學術著述亦很豐富；關於理論有法華玄義，關於修持有摩訶止觀；而且還以五時八教，判釋佛說的一代教法，把佛教作有系統的整理與分配。他若三論宗吉藏大師，也是這時期集佛學思想大成的一位大德。

（二）唐代全本期之盛：佛學自經過六朝後流傳至唐，實是全然大盛的時期。唐初有玄奘法師，精通法相唯識，留學印度十七年。他自印度歸國後，即從事繙譯出許多梵文的經典。稍後，又有金剛智、善無畏、不空等三藏，來中國講傳密宗的經典。因此，在中國除隋代成立的宗派以外，又成立唯識、華嚴、密各宗，還有禪宗，向來只有一二人授受相傳，此時因六祖的宗徒興起，亦風靡一時，普遍弘盛，成為簇新的一種宗派。而律宗、淨土宗之完全成立，亦待於唐之道宣、善導，學說與實行兩方面，乃都得其充分的發展。故佛學到了唐朝，大小乘十三宗的盛弘，如千岩競秀，萬壑爭妍，實是全佛學界之洋洋大觀！由此，欲知中國佛學，非研究隋唐佛學，不足以見中國佛學的全體，亦猶研究中國文化，必注重那六個特點一樣。

（三）隋唐以前之未完滿：隋唐以前雖有佛學，俱未完滿，不但隋以前未完備，即唐以前亦未完備，須至隋代的佛學方算完成；故欲窺佛學之全豹，非研究隋唐佛學不可。

（四）隋唐以後之已缺偏：隋代佛教雖很興盛，但是到了唐末武宗時代，因武宗惑於道教，大施毀佛滅僧的摧殘，雖然為時甚短——武宗死後佛教依然復興——而已受了很大的影響和打擊。以前全盛的佛教自受打擊以後，有些宗派便不能復興；同時，因五代之亂，這些不能復興的宗派，更因此隱沒不彰不傳於世了。但這裡還有留為後來的宗派復興的一線曙光的，便是禪宗在當時已很興盛；因禪宗不立文字，不拘形式，直指人心，見性成佛，不受當時的破壞與摧殘，依然得其所哉的自由流行。故後來俱舍、三論、密宗等，宗派雖不復流行，至宋初天台、賢首、淨土等，又有復興的趨勢，都是依附禪宗的力量。

由上所說，知道唐後的佛學，因各宗的隱沒和失傳，已偏破殘缺；故欲嚴格切實地講中國佛學，便非講隋唐佛學不為功。因其不但集前期之成，而實至本期乃發揚圓滿；自此以後，佛教便沒有以前發展的時機。即如為宋明理學源泉的禪宗，不但於佛學無何進展，反而把隋唐佛學那種健全活潑的精神消失了。由此，在前面文化的六個特點中，特提出完滿不缺的隋唐佛學。

三、隋唐佛學與中國文化之關係

（一）**思想**：就思想方面說：中國人受佛學思想的影響，實在很多，以「空」和「因果」二種思想為特甚。此因隋唐以前的佛學，大概偏於講空，由此空的思想流入為上流社會知識階級的思想，故有許多知識分子，就認定佛教是清淨寂滅的。在有益方面說，中國人向來把現實的人世看得太實在，太重要，遇到窮困迫切之時，便無法解決心境上的煩憂，而由佛法這空的思想，便使心境在窮困迫切中轉趨於安定，思想得到超脫的解放；故佛學之空的思想，給中國人的利益實在很深。至於佛學的因果，是說明萬法從因至果，皆有一定的秩序；其間善因招感善果，惡因招感惡果；或過去的因招現在的果，現在的因招未來的果；或現在的因招現在的果，都是善惡分明，毫釐不爽的。此種思想，不但影響於上流社會的知識階級，尤其影響於普遍的一般社會的心意中。故知隋唐以來，中國人受佛學影響最深的，除了空，還有因果。

（二）**文藝**：隋唐以前，譯經中的名詞，尚多借用中國固有的名詞；及至隋唐，在佛典中所有新名詞的翻譯，便很豐富，普遍而通俗，幾乎成了一般人作文賦詩的新材料。故隋唐時代的文章、詩歌，頗有佛學的成分在裡面。同時，關於音樂、繪畫、建築物、造像、雕刻等美術，亦非常之多，如現在大同雲岡等石佛，雕刻得非常精巧，都是中國古代藝術的模型。故知佛教在中國，對文藝上亦有很大的貢獻。

（三）政治：佛學影響於政治，亦有相當的功績。如由上文所說的空的思想，使上流社會一班有才華有意氣的人物，都能安分自樂，不逸於軌道。同時，還能坦白真率，樸實誠摯，沒有虛偽的驕氣，在平和中過其不治而安的生活。宋大儒有一次看見幾位禪師的相貌，便很感慨的說：「若沒有佛教的禪宗，這類人恐怕都是和國家治亂有關的魁首。」真所謂「佛門出俊傑，人海失蛟龍」了。然能造成這些人，使他們的心境很真率，很坦白，很安定，自然是由於空的思想的力量所致了。在政治上還有一種有關係的思想，就是因果。歷朝的政治在施行方法上，往往採取因果的粗相，借為「神道設教」，使人民有所顧忌，不敢妄為，以補助政治法律之不足。

（四）風化：佛學自隋唐發達以後，不但上流社會受其影響，即中下社會所受的影響，亦非常普遍而深刻；如前說的空和因果等思想，都已成了民間普遍的風俗。有許多人因環境的關係，不能生活於社會，這時便感覺到尚有佛教為他作安身立命之處；或有對於人生問題不能解決，苦悶至萬不獲已時，便來歸投於佛教；佛教雖然作了這些人的逋逃藪，但也因此救活了他們的生命，不然，他們只有如現代青年的自殺而已！中國人的本性，最看重現實，亦向深孝思，故往往藉佛教來求長壽、求福報或慎終追遠等等，而佛教至今還盛行的延生度亡法事，這也成了民間普遍的風俗。

四、隋唐佛學在中國文化之位置

至於佛教在中國文化中的地位，在中國文化的六個特點中，已說明隋唐佛學至少要佔中國文化中六個特點中之一個。但此說猶未盡至，我覺得談中國的文化，唯有周秦諸子能與隋唐佛學相比，其他的四個特點，皆不能與隋唐佛學相頡頏。六朝隋唐以來，中國的固有文化，是由儒佛思想和合而成的文化，而其淵源則在周秦時代的諸子學和隋唐的佛學。其他如玄學、經學、理學，不過從諸子學中，或佛學中，各發揮其一部分，以另成為中國一種文化而已。至於漢唐的文學，由秦代統一以前的列國文字，乃表現出漢代文學；至唐代，則因漢晉六朝來受了佛學的影響，更加光彩煥發，故成為二代最優美的文學；而其淵源亦由周秦子學以及隋唐佛學糅合而成。

由此，可知中國文化的精華，便在周秦諸子與隋唐佛學；則隋唐佛學在中國文化中的地位，自然是一望可知。那麼，今後講中國固有文化的人，就不能不注意隋唐的佛學。

佛教與現代中國[2]

一、國際形勢

（一）民治衰弱與統制政治盛行： 民主政治曾一度盛行於歐、美、亞各國，尤其是歐戰以前的數十年，可以說是民主政治的盛行時期。民治政制也可以說是議會政治，由人民選舉出議員所組成的議會，產生各種的政治機關出來。但是到了歐戰以後，民主政治的勢力便漸漸趨於衰落。因為當時經過革命的蘇俄興起，——以社會主義征服資本主義，打倒有產階級，實行無產階級專政，把全國所有的一切加以統制，尤其政治上的統一，故其政治即為統制政治——給民治的各國一大打擊，統制政治的伸張，民治因此便漸形衰落了。繼蘇俄而起的統制政治，即義大利的法西斯政治；其與蘇俄不同者，蘇俄是革命的，從破壞以求建設；而義大利是非革命的，維持及聯合各階級以求其國家社會的興盛，把國內政治、宗教、經濟、文化各方面，都統制起來，而實現其主義。此後，影響所及，更有革命成功的土耳其等，而德國亦由民選議員政治，一變而為統制的國社黨政治，結果皆著顯效。近年英、法、美諸國，因在經濟恐慌的不景氣現狀之下，名義上雖還不曾改變其民治，而實質上亦皆已傾向於統制政治了。故現在的國際，實是由民治衰落，而到統制政治盛行的時候。

（二）兩極端政制之對抗：在統制政治盛行的普遍情形之下，而有兩種各趨於極端的政治對抗著，其一、是蘇俄先經無產階級的革命，把政權取得，而實現其共產主義；其二、是由義大利的法西斯主義，而到德國的國社黨主義，他們的態度，是極端反對無產階級革命的共產黨，而以國家民族為號召，謀各階級的改善，以求發達興盛。由此兩種各趨於極端的政制尖銳化，便免不了對峙的抗鬥；在西方站在最前線的是德國，在東方最明顯的是日本，皆與蘇聯對抗。由此可知在各種政象紛亂的趨勢中，同時又有兩極端政制的對抗著。

（三）弱小民族與帝國主義之對抗：帝國主義是以侵略弱小民族為目的，如現在東非有義大利對阿比西尼亞之遠征，是帝國主義侵略弱小民族最露骨的表現。帝國主義，亦名之為霸道主義，乃是以其武力，或其他種種方式侵略弱小民族。但「低軟無如溪澗水，流到不平地上也高鳴」，弱小民族被壓迫至萬不得已時，亦會不顧一切的犧牲，起而力爭，如現在阿比西尼亞是最著明的。又如印度甘地之求自治，亦是帝國主義侵略壓迫的反響，給帝國主義下一個警告。我們中國的孫中山先生，因中國在列強的帝國主義勢力包圍之中，已淪於次殖民地或半殖民地的狀態，故提倡三民主義，喚起民族精神，「聯絡以平等待我之民族，共同奮鬥」，也是弱小民族反抗列強帝國的一種表示。

（四）列強大戰爭之迫切：現在世界上，各強國與強國之間，或因政制懸殊，或因利害衝突，或欲報復宿仇，或欲爭求獨霸；不論那種原因，其形勢已趨於極尖銳化的時候，隨時即可發生種種互相矛盾的鬥爭。故現在的世界，戰雲密布，醞釀中的第二次世界大戰，時有爆發的可能。有人在預言著：「現在是世界大戰的前夕」，這是把戰爭迫切最形容得無以復加了。實在的，我們試一觀現在國際的形勢，列強與列強間之大戰爭，真是迫切到有一觸即發的可能了！

二、時代趨向

（一）科學及機器之被惡用：時代的趨向，是指由現在到於將來的趨向而言。現代文明的代表，即是科學。科學發明，人類能引用機械的力量，去抗制自然界的一切，以很少的氣力，可獲很大的效果，故從前人力所做不到的事情，現在都可以做得到了。如飛機、汽車、電燈等之發明與製造，人類的生活皆賴以利用之。但科學機器的供人使用，其便利於人類，本無善惡，而人類的善使用之即善，不善使用之即不善。譬如一枝自來水筆，在善使用者手裡，他能寫出一手漂亮的道德文章，匡時濟世，若落在不善使用的人手裡，便會粗製濫造許多荒誕不經、誨盜誨淫的文子，以肇一切惡事的禍端。又如一枝手槍，善用者賴以衛身保民，不善用者便拿去劫掠人物，廣造種種惡業。由此觀之，現代的科學機器，於人類全體尚無何等實益可言，只是少數人藉以滿足個之的欲望，發展個己的野心，去破壞多數人的精神上與物質上的利益而已！

人類的本身未改善以前，縱有更精妙的科學機器發明，終是弊多益少的被惡化惡用了。

（二）近代文明之末路：近代文明的本質，一言以蔽之，可以說是求個人自由的發展。從個人自由發展的原動力上，去制用自然，發明了科學，便有近代文明的誕生。但由各人自由思想發展的結果，便造成個人與個人間階級懸殊的對峙，乃至國民與國民種種權勢不均衡的強弱對峙。而所謂強國，皆是從侵略犧牲其他的國族，以增加自己國族的利益而來。因此，近代文明發達的結果，造成階級與階級鬥爭，國族與國族鬥爭，人類間發生種種互相矛盾的鬥爭；同時，也正是顯示出近代的文明，已走到了局道相斫的末路！

（三）**人生道德之需要**：由上面二重現在的情形，以察其到將來的趨向上，則人生道德之需要，誠是急不容緩的事。因自然界的一切，人類科學發明，已有力量去抗制利用，而人與人和國與國之間的種種惡鬥，則尚無對付救治之方法。然所以有種種之爭鬥的惡濁的現象，就因人類沒有完整的道德，和科學機器並駕齊驅的邁進。假若人生有了良好的道德，與科學一齊進步，然後人類去利用科學機器，那是多麼美善的事！故人生道德之需要，在現在至將來，必成為時代趨向最重要的一種。

（四）**世界和平的渴望**：自從近代文明發生，以至於使人類走到近代文明之末路的情況之下，一般先覺之士，皆感到人類長此以往，將由戰爭自趨於滅亡！為欲消滅戰爭，為欲使人類將來趨向於幸福光明之道，故現在已在大聲疾呼著「世界和平」。或以消滅戰爭而求和平；或由改善人類思想行為而求和平，勢必鞠躬盡瘁，使將來的世界達到永久的和平而後已。故世界和平的渴望，亦成為時代趨向的要素。

三、我國現況

（一）**中國文化之萎削**：前來已約略講明國際形勢與時代趨向，現在且就我國之現狀而言：我國本是地大物博、文化發達、最有悠久歷史的民族。但自漢唐以降，經過五代入宋一代之後，便把中國那種壯健闊大的民族文化，漸形萎縮削弱，那便是宋代後的理學，把中國固有的健全雄闊的文化，變成了衰弱，喪失了中華民族生長的精神！故此後的中國文化，便再也不能恢復到漢唐時代的興盛。有人以為宋代的理學，是全中國、印度文化的結晶，在中國文化領域中，佔有很重要的地位。但我以為中國自經宋代理學的一種拘蔽，中國的文化便沒有再興盛發展的力量！由此就使中國文化一蹶不振的萎削了！

（二）近代文明之落後：中國文化既為宋學所萎削，本身不能發展，致雖與近代文明接觸，已有近百年的歷史，亦無力吸收近代文化的精華，而建立起簇新的中國文化。故中國文化的各方面，在近代文明之中，在在落伍，此實為我國文化的現狀。

（三）政教崩潰與災難嚴重：因為固有文化的萎削，與現在文明的落伍二重原因，中國在近六七十年來，本身既不足以自強；同時，對於外來的文化侵入，又患了排除不能、消化不得的病症，不能融化與排泄。因此，文化失了重心，思想界起了紊亂的變化，向來賴以維持人民社會與國家的大經大法的政教，皆趨於崩潰的狀態。國力既日形衰弱，人禍天災便紛至沓來，國難愈弄愈嚴重了！

（四）三民主義革命之未完成：在國難嚴重的初期，先知先覺的人，認為中國不速謀改革振興，不能生存於將來，有孫中山先生挺身而出，提倡「三民主義」，唱國民革命，以求復興中國。三民主義的理想，是要把中國固有的文化發揚出來；同時，也需要吸收外來文化的精華，把中國造成最進步的國家。但因中國多年來各方面情形太複雜衰弱了，一時難以改造過來。故自唱革命以來，欲從破壞而到於建設，至今猶踟躕於軍政訓政時期，未獲完成憲政，而所得的實效，猶未能實現三民主義理想的百千分之一二。故三民主義的理想，直到現在，依然未能實現。

四、佛教救國

（一）發揚佛學以昌明中國文化：在前面已說過中國文化，至宋代以後即失了那種健全雄大的精神，元氣大傷！影響所及，致有積弱的國難，雖有「三民主義」應運而出，力求復興中國而不獲。其傾新者既撥除固有精華，而復舊者仍陷宋代後之拘執。唯佛學在中國以隋唐為最興盛之時期，中國文化、政治、社會，各方面皆受其很深的影響；而自宋明理學出現後，佛教便無隋唐時代欣欣向榮的那種生氣了。現在研究佛學的人，莫不推重隋唐時代的佛學，故近今復興起來的佛學，也為隋唐之佛學；若能因重光隋唐時代那種優美的佛教文化的關係，把中國宋以前那種民族文化的精神恢復發揚起來，則久在衰頹中之中華民族，亦重可自信自新自強自立。故從發揚佛學以昌明中國固有文化的壯闊精神，則中國民族乃真正從根本救起了。何況在時代的新趨勢上，佛教文化更有把近代文明走到末路後，開闢出新生機來的可能呢！

（二）適應時代趨向以改造人類思想：佛教何以能適應時代趨向，以改造人類的思想？所謂改造人類思想，即在人類道德的需要。近代歐美文明發達，人類縱我制物的思想風靡一時，發展自己，征服其他，實是長成歐美近代文明的原動力。唯有佛法可以轉移此種損他利己的思想；因佛法的原理，闡明一切的事事物物，皆賴眾多交互的因緣，共同成立，共同維持；若損害其他賴以互相資助而成立的條件，以求發展自己孤零的個體以單獨生存，那一定是緣木求魚、煮沙成飯的事。故我們生存一個社會中，應謀社會以至整個國族的利益。以利他——社會以及國族——為前提，把發縱自我制滅其他的思想，改為貢獻自我服務其他的思想。知唯利他可成兼利，大家協力同心，什麼困難的問題，嚴重的國難，都可以不成問題，甚至沒有患難了。

（三）改正人類行為以轉善國際形勢：既依中國的固有道德文化，把人類不道德的思想改成道德的思想，本此思想，去作一切社會事業，則其所表於行為上的動作，不消說是美善的了。人類的行為，由此得其改正，合於佛教「慈悲為本，方便為門」的意義；本著大慈大悲的心，去修一切利他的方便行。此種行為，若具體的表現於個人、於家庭、於社會、於民族、於國際，則此世界就可造成一個光明清潔的道場。故能改正人類的行為，便必然的可轉善國際的形勢。

（四）造成大同世界以安立中華民國：應用佛學的原理，和中國固有的道德文化，改善人類的思想，轉善國際的形勢；由講信修睦而得到共存共榮，則與中國古書中所謂「大同世界」的那種理想，便可實現於將來了。若由此造成了大同世界，同時也正是安立了中華民國，這與孫中山先生「建立民國以進大同」的程序，雖顛倒一下——若依佛教原理來造成人類道德思想行為，的確可先從改善國際形勢，促成世界和平，以之使中國得以安然建立，——可說為「以進大同，以建民國」了。此為佛學與三民主義互相為用之處，而佛教與中國之意義也可就此說明了。

佛教之教法[3]

一、從源流上明

這是從佛教最初的發源，到後來千派萬流的流傳上，提出一個綱要來觀察全部的佛教。佛教的發源是由降生於印度的釋迦牟尼世尊，所以在這裡，我們第一個觀念，就是要認清全部的佛法都出於釋尊一代中所應化施設的教法；雖然由後世的學者將它發揮光大，而推其根尋其源，則皆基礎於釋尊一代中所開示，不同普通一般研究歷史者的觀念，或以為後世學者所新創。我們真正信佛法的人，須首先在這點上認清楚，才曉得後世所流傳的佛法，皆是以釋尊一代所示的教法為根源。有了這根源，後世學者依著時代潮流的特殊機緣，就能把他這部分那部分的傳播到四方而發揮光大，而其根源總不外釋尊現身說法的施教。這樣，知道佛法的流傳，都是從佛陀親證的法界性相中流露出來的佛法，才能握得佛的「心印」。

說到流傳，首先就想到佛滅度後阿難和迦葉尊者等結集法藏的關係。但不完全由於他們，先時、同時，或後時，更有其他的弟子們共同結集，或各成記錄；不過在佛滅後，首先盛傳的以阿難、迦葉的為主要而已。在佛成佛後五六年間，即有律條的制定，至十二年間，已有完成的戒本，為當時各處的僧團所共遵行，而在廣律上，亦有說佛世時代，已有比丘或長者王夫人等，讀誦佛說的經典，所以佛法是在佛世時，已有記錄流傳下來。故佛典不特佛滅後流傳，即佛世時亦已流傳。這樣，我們對於後世佛法，各派流傳的思想，應當了知皆出於佛在世或佛滅後，各成集錄的流傳；因為除了阿難、迦葉的結集外，尚有其他許多的弟子們結集記錄，流傳於後世，而各別的逐漸發揚光大，所以溯其根源，全在佛陀一代的設施。

佛教各部分，所以分別在後世發揚光大而發達，原因一半是由當時主持佛教的人物，一半是由順著時代的潮流，適應處所的機會，所以將其某一部分成為特殊的發展；而在適得其反的時地，這一部分佛法必趨於衰落的現象，而由當時其他主持佛教的中堅人物的努力，所以又能使佛法之另一部分發揚光大。認清這一原則，便可想知世界上從古至今的佛教情形了。釋尊降生於印度，故佛法首先傳於印度，現在把印度佛教的歷史分成三個時期說：

（一）**小乘興盛時期**：傳持佛教的正統而主持佛教的中堅人物，就是阿難、迦葉、優波離他們，因此流傳的佛教，亦以他們結集的法藏為中心，大概在佛滅度第一百年到第六百年間，為印度佛教史上的第一個時期，所以這時期中所傳的教法，是以聲聞乘為中心的三乘共法。然所傳的三乘共法，雖以聲聞乘為中心，而大乘的佛法，亦不能說全然烏有，不過，是因這期中聲聞教法，特別光大發展，大乘佛法伏於其中，隱沒而不彰罷了！因為當時都以聲聞人的眼光，去觀察大乘佛法，所以大乘佛法，自然隱蔽而難以顯彰。是為印度教史上第一個弘盛三乘共法的時期。

（二）**大乘興盛時期**：在佛滅度後第六百年到千一百年間，為第二時期的佛教。在第一時期，漸次因諸部的意見分歧，經了許多的決裂，致使整個正統傳持佛教的威權漸形失墜！並以當時的佛法，已漸漸地傳播擴大到印度之外了，而眾人的思想亦漸進於複雜了。恰有馬鳴菩薩等應運而生，作佛本行讚等，竭力提倡大乘佛法。龍樹繼承而興起，乃至提婆、無著、世親等接踵而出，闡揚大乘教義，遂使素來隱沒不彰的大乘佛法，就如雨後的春枝，發揚茂盛而開出燦爛的花朵了。但在這時期中，聲聞乘的教法並非就斷絕了流傳，不過，因大乘性相的教義，特別發展弘盛，發揮光大，小乘教義附屬於其中流傳，正和第一期佛法成了個反比例。但在龍樹時代，還是對破小乘而顯揚大乘；至於無著時代，便由大乘提攜小乘了。這為印度佛教史上第二個大乘弘盛的時期。

（三）密咒興盛時期：這從千二百年以起的時代，當時大乘佛教的教理，已成了很精深而嚴密；同時在通俗教化上，已能普遍於民間，而一般崇信的人們，由崇信而要求實行。佛法既然普遍民眾，又重於實踐修持的要求，於是就有龍智菩薩，出來弘揚真言陀羅尼的密法，遂致密法流行發達極隆盛於一時了。但在這時期中，亦並非大小乘教法就斷絕了流傳，不過，以陀羅尼真言密法特別發達弘盛，其餘大乘教法都依附其中流行，而小乘教法已幾於湮沒。這時，佛法雖普遍流行，而不重於教理，但偏於密咒的傳持，濫同民俗的風習，遂令婆羅門教乘之崛興而榮盛，佛法反漸衰落；乃致後來的印度佛教竟趨於頹敗而幾乎絕響為止！是為印度佛教史上第三期佛法的狀況。

上面所說三個時期，為印度佛教流傳的全部情形。佛教所以能在某一時代弘盛傳播，上面曾說，靠著佛教中特殊的中堅分子，遇著時代的特殊機緣，所以得到特殊的發展。可是，現在印度的佛法已處於絕響的境地，沒有純正的佛法可言了。雖然，佛教在印度三個時期中特殊發展的部分，曾經分別流布於各處，成為現存於世界上的佛教。現在世界上流行的佛教可分為三大系統：第一系，是以錫蘭為中心，由錫蘭而流傳於緬甸、暹羅，及以前的馬來半島等處。第二系，是以中國為中心，由中國而流傳於高麗、日本、安南等處。第三系，是以西藏為中心，西藏亦屬中國範圍，現在所謂「五族共和」，西藏是其一焉；然其語言文字、風尚習慣等等，皆迥異於中國內地，故另成為一系。由西藏而流傳於蒙古與西北、東北及尼泊爾等處。

但這現存世界上所流傳的三大系佛教，與印度三時期的佛教，是有密切關係。錫蘭系所傳的佛教，是印度第一時期流傳的佛教，以其在阿育王的時候，已開始傳入，且其保持僧眾團體的律儀等等，儼如佛世或離佛不遠時代的僧眾律儀一樣。而在教義方面，則亦以「三乘共法」的阿含經等為範圍。故由錫蘭為根據地，而傳於緬甸、暹羅等處的法教，我們可以確定它是印度第一期流行的佛教。再來觀察中國所流行的佛法：舊傳謂於佛滅後一千年間中國所流傳的佛教，即是佛滅六百年後，印度第二期流行的佛教。因為，第二期所盛弘的，是大乘教法，雖然三乘共教亦附帶傳來，而確以大乘佛教為主。在唐開元後，印度第三期的真言密法亦有傳來，但未極具備；故中國終以印度第二期佛教為主要。所以，現在世界上所流傳的純正大乘佛教，還是在於中國。現在西藏所流行的佛教，是印度第三期所傳的佛教，所以要觀察印度第三期佛教的真相，可考之現在西藏佛教的流傳，如觀察第一期佛教須研究錫蘭，和第二期佛教須研究中國一樣。西藏佛教是以陀羅尼密法為主要，於大乘性相教義，雖亦重研究，而終以真言密法為所趨。故印度第三期特別發揮的佛教，正是在西藏，即如由中國傳日本的真言密法，亦不及其完全。

但此三系，互相比較起來，西藏比較於中國，亦有所缺；關於印度第一期以「三乘共法」為中心的經、律、論，中國不在少數，而西藏則無阿含經等，律藏亦不多，而中國則較完備；所以印度第一期佛教，中國比較西藏多。雖然，在中國亦有缺陷，如中國在戒律的儀式上，除了傳戒時曇花一現外，便不可多見；而錫蘭則依然照律制在實行；所以印度第一期佛教，在中國亦覺不全。現在因為全世界海陸交通的便利，所以佛教也就漸漸地普遍到歐、美各國：錫蘭派，則由英國先流到歐洲而美洲；中國派，則由日本先流到美洲而歐洲；西藏派，因近於印度，則由英屬印度流傳到歐洲而美洲。於是就使整個的佛法，如遠山的雲煙，重重綿延流布於全球了；然其根源則仍在於印度的三時期。這樣去觀察世界上整個的佛教：先歸納為錫蘭、中國、西藏三大系的佛教，再溯到印度三時期的佛教；更追溯到佛世時代的佛教；那就可以得到全部教史整個的綱要。研究的學者，對於全部教史能作如是觀察，就可得著一個系統的思想和觀念；如網在綱，有條不紊了。

二、從教理上明

我們想了解全部佛教的教義，而得其整個的思想和概念，那需要從佛陀一代教法的流傳中，尋找出一綱領來作分析的觀察。但自古來分判教法，有半滿、頓漸等等的不同。而就全部教法的能詮典籍——經論等上，向來是分判經、律、論三藏來收攝的；但亦有非三藏所能歸納者，故在三藏外，又加一雜藏來歸納；而且又有於雜藏後，又加一禁咒藏的。但我們若於全部教法深切地加以研究，覺得除三藏外，確有加一雜藏的需要，因為在三藏所不能包容的一切，都可攝入於雜藏中。至於禁咒藏，則是由於印度第三期真言密法特別發達時而分編的，但此無分編的必需。比如中國的禪宗，在唐後極為弘盛發達，而禪宗雖所謂教外別傳，不立文字，但各祖的語錄極多，且體裁特殊；若禁咒另編一藏，則禪宗亦應另編一語錄藏。語錄藏之另編既無，故禁咒藏之另編亦無何等需要。這樣來觀察全部教典，應以編成經、律、論、雜四藏為確當。現在佛法的分編，如瑜伽藏等，都另有秘密部的編輯；但以依四藏的格式編輯為較適宜而妥當，故今後仍應編為四藏。雖然，這不過依於典籍上的分判，倘依內容教義上來分析，則雖編四藏，亦仍於義理不知其統緒。在教義上，依我個人的研究觀察，古來種種的分判，終是不大平允、妥當、周到。我以為全部佛法在教義上應作三種分配：一，五乘共法；二，三乘共法；三，大乘不共法。這在我的佛學概論上，早有舉要的說明，現在再來提說：

（一）五乘共法：由上觀察，知道一切教法都為佛陀所說，而佛陀是一個修大行得大果親證宇宙諸法的真相者，故所有五乘、三乘、大乘，一切的言教，皆從其自證法界中流露出來，皆是有不可思議的深意存在，絕非一般的常人所能度量拘限的。如佛所說五乘中的人天乘法，依一般人的思想觀之，總以為定是世間教法，其實，何嘗如此！如佛在鹿苑以前所說的提謂經，雖被判人天乘法，而其中亦有說及發阿耨菩提心者；故雖人天乘法，而亦通於出世三乘，或無上大乘法；且依以輾轉增上，皆通達大乘。所以佛所說的人天乘法，是不能固定其是世間教法的，只可稱它為「五乘共法」。因為這些教法，皆是明眾緣所生法，顯正因果而破邪因果，可通於聖凡法界的。這樣，對於佛陀流傳下來的全部教法，第一部分都可編入於「五乘共法」中，而研究者亦可依著順序的步驟，以研究五乘共法為入手，再腳踏實地一步一步的進入，便可得著全部教法的綱要。

（二）三乘共法：此為出世三乘——聲聞、緣覺、菩薩——共法，即在超越三界的苦集，而得出世的滅道上，說名「三乘共法」。所謂共法者，因謂三乘雖有區別，而斷三界煩惱生死以證無生阿羅漢果，則皆同；即如佛十號中有所謂「多陀阿伽陀，阿羅訶」的阿羅訶，亦即阿羅漢也。故凡了脫三界生死諸苦，而達到出世無生果位者，皆可名為三乘共法，故亦不能說唯是小乘，何況聲聞、緣覺皆可進入於大乘呢！故對於全部教法，第二部分應判為三乘共法。

（三）大乘不共法：此為佛菩薩大乘不共教法，凡一切乘的教法，都可統歸於其中，現分兩種來說：甲，大乘性相，此為大乘不共法之境，關於大乘性相的教義，如般若等，是多明大乘諸法法性，如楞伽、深密等，是多明大乘諸法法相的。但是這所明的大乘諸法性相，頗不同五乘共法或三乘共法所明的教法；因為大乘所明的性相，即為佛陀所自證的境界，絕非聲聞等所能了解測度，所謂「唯佛與佛乃能究盡」，故獨名大乘不共法。乙，大乘行果，此明大乘不共法的行果。關於大乘所修證的行果，如《華嚴經》所明重重菩薩行位，多是明大乘所修的行門；又如涅槃、真言、淨土等，所明都是明大乘果的體用，此亦絕非聲聞等所能望其項背，故名大乘不共法。所以全部教法的第三部分，皆可編為大乘不共法。

這樣，觀察全部佛教教法，把可別為經、律、論的歸納於三藏中，不可區別的，都歸納於雜藏中。每藏又依教義，為平允、適宜、妥當而周到的分配，就是有若干部分編歸於第一五乘共法中；有若干部分編歸於第二三乘共法中；有若干部分編歸於第三大乘不共法中，如是以此三法去貫攝四藏，亦以四藏來分配三法，那實在是很周妥的；同時亦極適合於閱藏的程序。

三、從行果上明

（一）修行：教海浩瀚，行門無涯，故知佛教修行的法門無量。雖然，現在約四類行門來說，可以總攝一切行門：①律儀行：律儀為學佛之行業規範，最為重要。若能專依律儀為行門而修習，亦可達到究竟果位；如能先持別解脫戒，而後定共戒，道共戒，乃至菩薩的三聚淨戒，次第而修，即可達到究竟佛果。所以，律儀一方面為一切行門應共修共學的基礎，而一方面亦依此為專門而達到究竟，如佛十大弟子中，有優波離尊者，持律第一，亦是依律儀而達到究竟的好例。②禪觀行：是為修禪定止觀行，但其範圍亦同律儀一樣的廣闊。在佛法中修定，除了外道鬼神的邪定，其從凡夫禪而三乘未入聖位禪，已入聖位禪，乃至菩薩佛的禪，皆名修習禪定；不過，因修行者的程度不等，致有淺深的差別。又平常從入手方便，則分五停心，如因緣觀、數息觀等；漸進階層，如九次第定等等。又如大乘所明首楞嚴等種種的三昧，皆是此禪觀行，故禪觀行，在佛法中極為普遍。因聖智非散心所能發，故欲證聖果，須由定力，所以修行者在修慧中，必有定力與之相應。如證小乘聖果，最低限度，亦要得到欲界定，否則，便無證聖資格。故佛教中種種的行，皆可攝歸於禪觀行。但第一律儀，是在道德的實踐上言，而禪觀是從現證的實驗上說。如大乘佛教談性相空有的理境，便要如何地去實驗而得證到，故禪觀為佛法中修行的第二部分。

律儀與禪觀二種，是佛法中修行最平正的通途；但有特別的殊勝方便行，便是真言和淨土。③真言行：是即修種種陀羅尼行門，所謂三密相應：身密結印，口密誦咒，意密觀字；並有曼荼羅——壇——等的設施，而修習儀軌亦極嚴敬而不可違犯。此依種種法配合而成行，如以種種藥配合於一丸而去治病一樣。同時，所以修習密行，須仗阿闍黎之傳受灌頂，亦正似藥丸須由醫生為對病施用一樣。故真言密行，為佛法中修行的第三部分。④淨土行：汎常一般的人們，都以為念彌陀生西方，便是修淨土，其實，依全部佛法來說則不然，念彌陀生西方不過為淨土法門中的一種而已。淨土，是通於諸佛及聖位菩薩的淨土，如佛言：「十方淨土，隨念往生」；亦通於菩薩淨土攝受眾生。所以淨土範圍，是很廣闊而普遍，如東方有琉璃淨土，上方有香積淨土，及彌勒之內院兜率淨土等等，皆是淨土。可是，淨土唯大乘教法中有，聲聞中無。所謂淨土攝受，是由佛菩薩果上的功德妙用，依大悲願力而方便攝受下位行人，使其至臨命終時，往生而不退轉。所以我們修行淨土，好比欲去淨土中留學一樣。但欲留學，須先預備資格，方可進入；故修習淨土亦然，須積福德資糧。且修淨土，現身亦可證得，如修得三昧時，便可現身得入淨土中，非決定要臨命終時始有淨土可生。十方淨土，種種非一，在西藏之三大寺中，大概發願往生兜率淨土，亦有發願往生十方淨土者，如《法華經》所謂：「臨命終時，千佛授手。」故知淨土法門，是包攝無量數的淨土行，不僅乎念彌陀生西方也。

修真言行，能現世發生許多的功用；而修淨土行，則必能使其心有一定的歸宿，得到簡易的安心。所以修真言能發用，修淨土能安心。上來所說的四行，律儀與禪觀，是由自力而向上增進；真言與淨土，是由他力為加持；是其大別。至於其餘的觀行，如一心三觀、法界觀等等，皆可收攝於禪觀中。故佛法中所有行門，皆此四行攝盡，是四行為一切行門大綱。

（二）證果：既說修行，應談證果。但證果的類階亦無量，現在亦以信、戒、定、慧四級來包括：①信果。對於佛教發起最初的信心，即為第一果。因無論其為七眾中何眾弟子，必須具有信心，方稱為佛弟子。雖這信果是從研究教理而得，而要使信果圓滿，亦非到究竟佛果位莫可。所以，信果是由研究教理而得之果，同時，亦是修律儀等行所得之果。故凡學佛者，具足信心為必要的條件，所謂：「信為道源功德母」；佛法如大海，唯信方能入。學佛者具有真正的信心，方為真正的佛子。②戒果。此從律儀上所得之果，亦通禪觀等所得之果。如修禪觀成定共戒，修真言成密戒，修淨土成淨戒，由修行證果而成道共戒。戒極重要，七眾弟子各有應持之戒，尤其是出家比丘最為完具，其所以與俗人不同者，全在乎戒；其所以能住持佛教者，亦在乎斯。所以僧眾特殊的性質，皆建築在律儀之上，倘能持戒，即得戒果，得了戒果，才可為僧眾而住持佛教，弘揚佛法，為世福田。故出家僧眾對於戒律，應當特別注意。須知教理通達而無信，則不為佛子；即有信而戒不完具，亦不成住持僧寶。③定果。此特別是在禪觀所得之果，但亦通於律儀、真言等所共得的定果，如由戒生定而得定等。可是，得具足戒，能成僧眾；而得定果，便成賢眾。僧眾和賢眾不同，賢眾是因伏煩惱而得定，如最低得初禪定，亦能伏了欲界煩惱，乃至得上界定，便可得入於定位中，更不消說了。故佛法中所明得定，和凡夫或外道不同，凡夫外道或入邪定得邪通邪見，而佛教中得定，最低限度亦要伏欲界煩惱。故修定得定，為佛教中最重要的事，如資糧、加行等位中，皆是與定相應。佛法中有內凡位和外凡位，凡修定得定，皆入於內凡的賢位，與定相應。所以得定為賢眾，僧俗皆同。④慧果。此中所謂慧果，乃上來信、戒、定果的果上之果，所以非普通一般人所說的慧，而是聖位上所得的慧果。最低限度，亦要入見道，得三乘果，證入聖眾。但大乘聖果是在初地菩薩，而小乘聖果則在須陀恆果。故佛法中研究修講而得果：由信則果，得入七眾弟子之列；由戒果，則得入住持佛教的僧眾，若無戒果，即無僧眾；由定果，則有已伏煩惱的賢眾；由慧果，則有斷智德成的聖眾。可是佛法究竟的目的，是在得慧果，誠為難能之事！但若為佛教徒連最低的信果都沒有做到，便失去了為僧眾的資格，不應濫廁僧倫，應自動退僧返俗；否則，須自勵自勉，勇猛精進才可。故為佛子最低限度，須具有信果，然後依此修習而得戒、定、慧果。所以欲今後的佛教建立起來，須以這信、戒、定、慧果為目標。然四種都能做到，固不易，而必須信果與戒果做到，方可為世人信仰佛教的證明；即定果或慧果，雖難能完全做到，而亦要有少數人做到、得到方好！因為在四果上都有人做到、得到，才能建立今後的佛教；否則，佛教便無從建立，那是何等悲痛的事！所以，既為佛教徒，應生慚愧，發足大心，勇猛精進毫無畏懼地向前去振作精神！我們試觀現在中國一般的佛教徒，非特慧、定、戒果沒有做到，即具足信果的亦如晨星碩果。故現在的佛教，在世界上、在社會上，需要重新建立才對！倘若現在再不從事建立，則佛教將來在世界上，恐怕就難以生存！雖然，若能得到聖果而有真正的建立，則佛教在將來的世界上不患無「放大光明」的一日，同時，亦能降伏一切的魔障！

佛教之教制

一、佛教之三寶觀[4]

（一）佛觀：①依釋迦牟尼佛建立「佛」之根本觀。②信釋迦牟尼佛確得無上徧正覺，最高無上。③毗盧遮那或盧舍那或大日或金剛持等皆為釋迦牟尼大功德聚之別名，不得視為牟尼以外之他佛。④他世界之阿彌陀佛、藥師佛或往劫之燃燈佛等，皆由信釋迦牟尼佛之說而知之者，皆與釋尊平等。⑤佛為積三無數劫大行所圓之極果，不得與流俗所稱為活佛等混同視之。⑥佛為出世三乘聖眾中之大聖，人天猶為凡世，不得與凡世聖哲混同視之。⑦佛為法界諸法——宇宙萬有——之徧正覺者，亦為教化一切有情令徧正覺者，不得與一神教的創造主宰，及多神教的禍福於人等迷執之神混同。

（二）法觀：①一切經律，皆源本佛所宣說之聲教，由佛徒歷次結集而成者。②佛徒結集佛說，初亦口誦相傳耳，用文字寫成書本，則先後不一時。以佛徒時代不同，故小乘與大乘之經律，亦寫成先後有殊。③信超人天之聖人，必有非常之勝事，故經律所言不思議事，皆應確信為實事，不得以凡識疑議之。④諸論及撰述語錄，皆賢聖佛徒修證有得，宗依佛說而闡揚詮釋者，故今亦可憑佛說及親證而研究抉擇之。⑤大乘諸宗之各標其勝，在集中其理解於一念而起觀行，建宗趣行或殊，真本覺果無二。⑥菩薩藏法與聲聞藏法，境行果皆別，然聲聞境行果亦為菩薩所含攝。⑦佛之教法發源於佛及聖眾之無漏智泉，故不得視同其餘出於有漏凡識之教學，但於餘教學皆可或破或攝以助顯無上義。

（三）僧觀：①勝義僧寶雖在三乘聖眾或賢聖眾，但此土之住持僧寶，必在出家五眾，尤在苾芻眾。②他方淨土雖或純一菩薩僧，無有在家出家之別，但此濁土則須出家菩薩乃入僧寶。③住世持教之佛徒團，應依七眾律儀而建立。在家二眾佛徒，雖非全僧，亦非全俗，此為已進三寶之門者，異於隔離三寶之凡俗，故曰近事，為介於僧與俗之間，可稱為「居俗近僧眾」。受三皈以上及日本之真宗僧、西藏之紅教喇嘛等，皆攝屬於此。由此中修轉輪王十善行者，攝化民眾，建設新社會，利樂人世。④尊敬三乘賢聖僧，彌勒菩薩等雖現天相，亦同大乘聖僧尊敬。⑤敬崇出家住持僧眾，但最低限度，須明佛法大義，信心充足，能持苾芻戒前二篇者，乃認為出家住持僧眾。⑥不知佛法亦無信心且不持戒者，應驅出於僧眾之外，不認其為出家僧眾。⑦由具僧相、僧德、僧學之僧眾，建設佛教清淨幢相之新僧寶，師表人天。

二、僧教育與僧制[5]

余在民初已著眼於僧制之整頓，而在民國四年曾有〈整理《僧伽制度論》〉之作，民國六年、民國十四年至日本考察各佛教大學，及民國十七年、十八年至歐美各國考察各宗教學院或各大學神學科之後，尤深知「僧教育」在國家教育制度中之位置，製有國民教育基礎上之僧教育表，並另為失教僧尼附設補習之校。但關於今後出家與受戒，應先有二義之認清：一曰、戒級不必與學級一致也。近代中國傳戒所謂三壇戒法，先沙彌戒，次比丘戒，最後菩薩戒；似乎有三個級程，其實，沙彌戒與比丘戒誠有先後級程關係，而菩薩戒則七眾均得受之，在家優婆塞夷且得受之，豈有必須受比丘戒後若干年始得受之義哉？況出家受戒本以比丘戒為完成，故受比丘戒曰受具足戒；然不受比丘戒則不能同比丘事而實行比丘之律儀。故受沙彌戒後，一到可受比丘戒年齡，若志為比丘者，又不應待五年後乃受比丘戒。至菩薩戒，則或前或後均得受之。二曰、出家年齡應與高中畢業相銜接也。遵依今之學制，兒童滿足六歲後於第七歲開始入於初小，如是經小學六年中學六年適為滿足十八歲而入十九歲之始。余意十九歲之始，即可剃度出家，入律儀院時，即受學沙彌律儀，一學期滿，即正受沙彌戒；進第二期時，即受學比丘律儀，四學期滿，即二十歲滿足時，乃正受比丘戒。此既符年滿二十方得受比丘戒之佛制，復順高中畢業之年齡程度，而高中畢業生已有擇學擇業之自由，亦不違成人有自由意志，乃可信仰宗教之義也。

由此余之僧制大綱乃訂有如下之學僧制：

（一）年滿十八曾畢業高中自願出家者，得剃度之。

（二）剃度後即入於學僧級，其學級分別如左：

①律儀苑二年：入院時受學沙彌律儀，第一學期中研究及實行持沙彌戒，並修習懺摩、念誦、歌讚等僧伽禮樂初步之訓練。至第一學期滿，——此時如不願出家可以還俗——即正受沙彌戒，進入第二學期時受學比丘律儀。從第二學期起至第四學期止之三學期內，研究及實行持比丘戒以練習僧伽應具之禮樂，並修習關於經律論史之佛教概論，為一普通僧人必須有之知識能力，及進入普通教理苑應預備之學課，例讀經律論之文法及梵文字母、藏文初階等。至第四學期滿，——此時如不願出家仍可還俗——即正受比丘戒，亦即為律儀苑之畢業。此律儀苑之二年，乃出家為僧者必歷之學程。菩薩戒或前受後受均可。②大學苑四年：此與大學程度相等，注重研究華文經、律、論、雜，並習藏文以參考溝通。他若論理學、心理學、社會學、史地學，與選學佛畫、造像等藝術一種，及選學梵文、巴利文、錫蘭文、緬甸文、暹羅文、尼泊爾文、高麗文、日本文、安南文，以及英、法、德、義等各國文一種。研梵文等可溯佛教之古源，而學英文等可開佛教之新流，俱不可疏忽。此由律儀苑畢業者升級而入，但律儀苑畢業後可為一通常比丘，不升入此級，亦無不可。③研究苑三年：此與研究院程度相等，注重關於佛教教理為一部門之深刻研究，由一部門以貫攝全藏而自成一系統，此由普通教理苑畢業者升級而入。但普通教理苑畢業後可為助布教師，不升入此級亦無不可。④參學林三年：此如注重修持之叢林，為佛法中實際修證階程，乃各國學制中所無者。當以親近各修證有得之長老律師、禪師、淨土師、真言師，以期真修實證為鵠的。此由專精教理苑畢業者升級而入，但專精教理

苑畢業後可為正布教師，不升入此級亦無不可。此級為學僧最終學程，此級學畢，即應弘法利人矣。比丘菩薩戒，最宜此時受之。

（三）自律儀苑畢業，或普通苑畢業，或研究苑畢業，或參學林畢業，皆得晉入職僧級。

職僧內分九級，大抵僅律儀苑畢業者，但得為下三級之職僧，任職三十年或四十年，始得升入德僧；如是乃至畢業參學林者，可為中上四級之職僧，任職二十年或三十年，即得升入德僧，列表如下：

品級＼職務機關	布教所	慈善機關	律儀院等	教務機關	專修雜修林
上上			高等院長	會長	林長
上中		甲等院長	普通院長主任	會長	
上下	甲等布教師	乙等院長	律儀院長教授	會長	
中上	乙等布教師	丙等院長	職員教授	科長	
中中	丙等布教師	甲等科長	職員教師	科長	
中下	甲等布教士	乙等科長	職員講師	科員	科長
下上	乙等布教士	甲等科員	職員助教	科員	科員
下中	丙等布教士	乙等科員	職員助教	事務員	事務員
下下	事務員	事務員	事務員	事務員	事務員

（四）經過職僧時期乃入德僧級，德僧等於退閒、養老，然為參學林之指導師及為四眾之所歸仰。茲更將以上三種僧制、學級層次，列一表以明之：

學僧				德僧
上士	……	……	……	（下中級職僧三十年）
上士	學士	……	……	（下中上級職僧二十六年）
上士	學士	博士	……	（中上級職僧三十三年）
上士	學士	博士	大士	（上級職僧二十年）

僧制之整頓若能走入如上所述之軌道，則全國僅有四萬僧人，即可敷弘化矣。內、學僧一萬，德僧五千，職僧二萬五千。職僧中布教師一萬五千，律儀苑、教理苑等教職員五千，辨其餘慈悲文化等事者約五千。然未走入軌道時，一方面當正本清源以限制非年滿十八有高中畢業程度及正信出家者，不得剃度；並即設律儀苑，非入律儀苑修學二年者，不得給予比丘戒牒。

另一方面當將全國現有僧眾調查登記後，淘汰出僧外，為設農場、工廠、商店、醫院以收容者，一部分為設養老、殘廢所以收容者，一部分為設普通小學、中學，以收容教養者。一部分其可存留在僧內者：①戒學俱優、年德兩高之正軌德僧；②戒學俱優事理通達之正軌職僧；③年學相當資格符合之正軌學僧。除此之外，應尚有一種戒優學劣不能入於正軌之學僧、職僧內者，當設各種僧眾補習學苑，其課程應富於伸縮性，可試其程度之高下，分為補習一學期、二學期以至八學期之八等課程。其補習畢業出來者，皆得轉入正軌之職僧位中。如此，則僧無廢人，而可大有裨益於國家社會之化矣。

依此整頓僧制相隨而至者，除辦律儀苑、教理苑、參學林之正軌僧教育外，同時，並須舉辦各等補習僧學，此外更須舉辦普通之小學、中學及養老院、殘廢所，與農場、工廠、商店、醫院，以收容淘汰出僧外者。假如依此實施，應從民國二十八年，而先在四年中從事於基本之預備。例如：①律儀師範修養所，②教理苑師範修養所，③僧眾之登記，④僧產之登記等。政府如真肯費一番力量以為之整頓者，①當聘僧中專家以主其事；②當規定循序漸進之步驟，不操切亦不鬆懈，持之以恆，則十年二十年以後，庶可睹其效也。

三、在家佛徒之組織[6]

關於在家二眾佛教徒之組織，昔嘗列為佛教正信會會表，茲錄如下：

佛教

入會出會條件

入會條件：世界人類無論何種民族，何種國籍，何教教徒，何等職業，何黨會員，為男為女，皆得入會。但須限於下列條件：

一、非未滿十五齡者。
二、非本國刑事犯。
三、皈依一苾芻一苾芻尼為師，或皈依一師以上者。
四、從皈依師受持一戒或至十戒者。
五、得本會會員一人介紹。
六、得本人自具入會志願書。
七、得本人自認任本會別團體及蓮社一款事業以上者。

出會條件：凡會員遇有下列條件者，除棄出會：

一、死亡喪失會籍，然非出會。
二、自請除籍出會。
三、犯本國刑事上重大罪者。
四、失心病狂三年以上者。
五、改志專信他教，毀謗三寶，破壞佛教，由師友勸戒三次以上不悛。
六、犯所持戒，懺悔不改，乃至不能持守一戒，得會友五人檢舉三次以上。
七、偷盜僧物及本會財物值一元以上者。
八、邪淫、殺傷苾芻苾芻尼會友一次或一次以上者。

佛教護持社綱目：

一、對政府而擁護佛教。
二、對社會而擁護佛教。
三、對法律而擁護佛教。
四、對言論而擁護佛教。

佛化教育社綱目

曆別研究條目：

一、研究一乘、二乘、三乘之佛學。
二、研究二藏、三藏、四藏、五藏之佛學。
三、研究中國本部八宗之佛學。
四、研究各國各地諸乘諸藏之佛學。
五、研究各國各地佛學之文字。
六、研究各國各地佛學之歷史。

正信會

（一）佛學研究院

融通研究條目：

一、佛學與人倫道德之研究。
二、佛學與世界將來之研究。
三、佛學與國家政治之研究。
四、佛學與國民禮俗之研究。
五、佛學與中國古今各學派學術之研究。
六、佛學與外國古今各學派學術之研究。
七、佛學與近世各種科學之研究。
八、佛學與古今各種宗教之研究。

（二）佛教正信會所設立小學、中學、大學之各學校。

佛教救世慈濟團綱目：

救災	救拯災溺　消防水火　賑濟饑荒　救台兵傷
濟貧	傳習工藝　開墾荒地
扶困	安養老耄　保恤貞節　矜全殘廢
利便	施設燈明　修造橋路　義治舟渡

佛教通俗宣傳團綱目

方法	一、印送文告 二、編演戲劇 三、集眾講演 四、隨機誘導
場所	城廂　鄉鎮 道路　舟車 軍營　監獄 工廠　病院

宗旨	
勸導行善	愛國　守法　勤業　互助　調身 惜物　和平　誠信　放生　念佛
勸化止惡	弭兵止殺　息鬥和戰　勸戒偷盜　勸戒邪淫 勸戒煙賭　改良婚制　改良家族　改良交際

依上列第二表觀之，今各處佛教團體紛紛設立，名目繁多，或一地有數個佛教團體，各不相顧或反相擠；或數省無一個佛教團體，全無所知，或無所為；故速當和合為一個佛教正信會，同以真正信佛法僧為根本故。誠能各各捐棄其情見各執，合全國之佛教團體而成為一個以真正信佛法僧為根本之佛教正信會，向全國各地方為普遍之設施，則前表所列種種事業之成就，殆非難事。此吾欲掬其誠懇之意，以請願於全國曾受三皈以上之在家佛子前者也。

但今於此更有須論及者，前列在家佛徒之組織，乃合在家二眾為一團體者，以優婆塞、夷律儀無別，而既稱在家，日常原各居在家者，到團體中乃因會務或法會等之臨時聚集，故無須為分部別居之組織。但今多有女居士組成聚居於中之場所者，男居士亦間有之，若然，則有別居分組之必要。女居士之聚居處不應住男居士，男居士之聚居處不應住女居士，即請比丘或比丘尼臨時來說法授皈依等，亦應以僧居僧寺，尼居尼寺，於作法務時臨時蒞止為宜；而尼寺中僧尤不應居住，以免種種弊患。近時尼寺或女居士場所，每因請比丘主持法事，講授經典而同居其中者，甚為不當；而女居士會中住一二男居士，男居士會中住一二女居士，皆有不宜也。

復次，表中改良家族一端，有須特殊留意者，即在家男女佛徒，各須努力以造成佛教化家庭，使其家中自父母、子女以至男女職工等，皆成佛教徒，非萬不獲已不令非佛教徒在其家內；由此再推及宗親戚眷，擴大教化，所最應注重之在家佛化。（一）勿流於枯寂而感苦悶，應富藝術陶涵之樂趣。（二）應不妨廢家務職業而饒益正當生活。（三）導於合理簡要之修養，使增為羣服務興味。由此，今有專設在家女佛教徒或男佛教徒之教育者，除以佛法養成其解行兼具佛徒人格外，尤應教以管理家務及職業技能，俾有以處身家庭社會間也。頃蒙藏及錫蘭、緬甸、日本之在家佛教徒，皆已家族化，故有安穩不拔之基址，而印度之佛教，昔由僅仗寺僧為保持，故遭惡王異教而破滅；反觀其國之婆羅門教及耆那教等，皆以家族化而仍存續繁熾，此可知在家佛徒應將家族佛教化之重要也。乃中國之佛教向藉僧寺為軀幹，在家佛徒亦只以仿學出家眾所行為事，此為佛教不能普及令家族皆佛化之大障礙。今後之在家佛徒，當知其所行，應在以十善行改造新家庭新社會也。

四、佛教制度概述

佛教之有制度，由有佛徒和合傳續而生起，和合相處則有共遵之律儀，傳續相承則有流通之經像，於是佛塔法藏修寺建立為三寶，而成立佛老住持於世之機體。然原始蓋只比丘眾，故所詳亦只有比丘律儀，比丘廣律實即僧團之組織規制；繼之有比丘尼眾，亦但為比丘眾附庸，故除特制者外，亦多遵用比丘律；至沙彌、室叉摩那，則更為未學成之過程耳。輾轉演變，有仍以律儀完整之僧團、住持佛教，若今之錫蘭、緬甸、暹羅者；有仍僧寺名而變成優蒲塞集團，若今之日本者；有不即大小乘律不離大小乘律而建為佛寺僧林，若今之中國、西藏者；而在中國近年新興之男女居士林等，則更多有在家佛徒集團之成立，由此對於今日中國之佛教：（一）在塔寺等建設，主張暫緩新築而努力修復有關名勝形勝之原有遺蹟，務使清淨莊嚴以起人崇敬，其荒穢難興者，則拆除掃淨，以免招致憎厭。（二）寺院除專修淨土供西方三聖，及專修密咒設壇場儀軌，或普陀等名山專奉觀音等菩薩外，宜但供釋迦牟尼佛，以壹其尊信，而清除向來跡近多神的陋習。（三）僧尼寺菴宜擇要保持嚴飾，以供學僧、職僧、德僧之所需外，其餘寺菴財產以辦補習僧學及辦收淘出僧外各還俗佛徒之小學、中學與農場、工廠、商店、醫院等，同時，並即組成為在家佛徒之佛教團。（四）僧尼應大減其量而極力提高其質；如前僧教育與僧制中說。尤其尼眾，以能減至極少為宜。（五）今後各地應可多有優蒲塞道場及優蒲夷道場之組立，但除在家二眾總集合之正信會相類團體外，其作聚居修學之處者，亦應以僧寺與尼菴分部別居方妥。然於此四眾之分部組織上，各地能有一由長老比丘統率領導之四眾總團體，若今佛教會之類，亦為一必需之設立。（六）此後當令在家佛徒愈加通俗化——如不必茹蔬等——並職業化與家庭化，使能以佛教道德建立新家庭、新社會，而令佛化普及人間。（七）基於上述之需要，應多多注意弘揚五乘共教之善因果法，培植人天善業；等而上之，由真有出離世間欲者，學修三乘共法；真有出世欲及大悲願者，學修大乘法；而特別提倡五乘共法。消化歷史上拘局各時代、各方域所起大小顯密台賢禪淨等宗派門戶之別，以昌明現代全球交通中可遍行無阻之釋迦佛法，統一於釋迦之人格及其教化。

結論

前述關於教制的一章，差不多連建設的方案也粗具了。而十六卷第十號上的今後中國佛教的新建設，主張採取日本、緬甸、錫蘭、西藏之所長，以改良中國舊有叢林的流弊，其意誠美矣，然無以改造中國佛教之本身，則終未由兼採移植而去腐換新。夫日本所由得成其教義之研究與宣傳及社會事業的開展，乃因其向有各宗派之系統組織，與寺僧家俗化之富於入世精神。但回顧中國則各宗派有名無實，毫無系統，且今後趨勢亦更無嚴別宗派組織之可能；基以原有林寺菴院復主戒律之嚴格，益不能有家俗化之入世精神，則烏從而得來日本之所長哉！錫蘭、緬甸、暹羅等則因只有公共之塔寺而無私有之財產，僧中人人的衣食皆出每日求乞，復有全國統一之僧團組織，沿習成風，適於民俗氣候之所宜，故能有其整肅之律儀僧伽住世；中國只有一家一家有私產之僧家族，又烏從而移進彼方的美風！西藏僧之能有堅苦篤行之修持，由其有千百年來即身成就之密宗信向，有轉世自在備極尊崇之胡都圖，有喇嘛作君、作師，及體強習勞、信佛崇僧的民俗；中國無其歷史風尚，更兼不欲專崇其密宗，復何能採其所長歟！然中國佛教亦自有其所長：一，以中國原有儒道各家深遠之文化，故佛法來中國不得不由寬容含忍調和教化以出之，因此乃最富於容和性；今日的中國，尤為一切異教異學爭鳴之地，非出以更大之容忍融合，莫由施展其教化。二，以中國民族向抱平天下之國際思想，而三民主義之鵠的亦在天下為公，綜合各方域各時代的佛學超脫其拘蔽，俾發揚為世界性之佛學，唯惟中國佛教最有其可能性；而中國民族以至中國佛教最大之弱點，則在家族性太深，中國佛教僧寺亦變為一個一個家產，此為中國僧寺沒法整興之癥結處。若能醫好此病症，中國之佛教乃可重振。於此，要使一部分成為僧團公產，一部分索性成為還俗之在家佛徒私產，好似混沌開而陰陽判一般，重濁者下凝為地，而輕清者上升為天。然使僧團組織能健全而管用僧團公產，改良剃度以成為公度，或亦消除剃度派、法派的子孫傳統一術。

依此由還俗的及原來的在家佛徒成為有系統而闊大之組織，於日本佛教之長處乃能取得；嚴格養成少數之學僧、職僧、德僧，建為只有公產無私產而組織統一的僧團，錫蘭、緬、暹的僧制美風，亦可彷彿實現；因是，得國民普遍之崇仰及僧德提高之極成，而西藏勤苦修持習尚，亦堪培就。且專就僧內言之：學僧亦名比丘僧，規律嚴肅，可有錫、暹之律儀；職僧亦名菩薩僧，事業弘布，可有日本之教化；德僧亦名長老僧，主持參學林。修證精進，可有西藏及中國禪林之造詣。更發揮其富容和及公天下之特殊性，庶其可成中國的現代佛教建設！然設非化家產的僧寺成公產的僧團，則終無建設的基礎；若能先禁私人剃度，實行僧團公度，並皆先入律儀苑修學二年，實為清源正本之道。但非政府主管機關以政治力量執行，亦難睹其成效。吾於是乃更回思二十二年教育部復內政部之咨文，冀能斟酌修改而實施！

二十四年十二月三十日在廣州

《海潮音》第十七卷第四期，一九三六年四月

1係二十四年十二月在廣州中山大學哲學系講，竺摩記。
2係二十四年十一月，在廈門通俗教育社講，竺摩記。
3出《佛教的教史教法和今後的建設》，此為該文之一二三章。
4出〈告徒眾書〉。
5即〈論教育部為辦僧學事復內政部咨文〉。
6出〈當速組佛教正信會為在家眾之統一團體〉。

佛法與判教

我怎樣判攝一切佛法

這題目講起來很廣，可分為三期說明，由於時間的關係，今則縮為二段：即前二期的略述和第三期的詳說。

前二期我對一切佛法的看法

一、初期的略述

我最初對佛法成立一個有系統的思想，是在光緒三十四年至民國三年間。那時我對佛法用過這麼一番修學工夫：一方面作禪宗的參究，一方面也聽些經教。所聽的經教，以天台教理為主，兼及賢首的五教儀、慈恩的相宗八要等，所謂教下的三家。後來閱藏，讀《大般若經》，在甚深般若中得一相應，於是對從前所參學的禪教便融會貫通，將整個佛法作這樣的看法：認為佛法不外宗下與教下二種——同於世親所分證法、教法。我這樣的看法，和明朝政制將佛法分為禪、講、律、淨、教的五門是相攝的。「禪」是教外別傳，離語言文字的禪宗，也就是宗下。「講」包括教下三家——天台、賢首、慈恩，就是教下，而律淨教亦可歸教下所攝（不過正式可稱為教下的，是天台、賢首、慈恩的三家）。「律」乃出家在家所受持的戒法，「淨」是修學佛法的人所歸的淨土；「教」就是「密」教而為當時所流行的，如早晨上殿念楞嚴大悲十小咒，晚間施食念蒙山及放燄口等。然皆可為教下所攝，故全部佛法，即宗下教下也。離語言文字，離心意識相，離一切境界分別，去參究而求自悟自證者謂之宗；由語言文字建立，而可講解行持者謂之教。以宗下教下說明一切佛法，是我初期對佛法的系統思想。這期的思想略見遺留在《佛教月報》。

二、第二期的略述

講到第二期，是從民國四年普陀山閉關後而產生的一系思想。在這閉關期間，我對佛法的見解和認識，與初期大有變更，這在《佛法導言》及《僧伽制度論》〈僧依品〉裡說得很明白。佛法有大乘和小乘，而小乘是大乘的階梯、大乘的方便，所以小乘可附屬於大乘，所謂「附小於大」。故我認為佛法的根本宗旨，唯在大乘，《法華經》中說：「唯有一乘法，無二亦無三」，就是闡明這個宗旨。不過有一部分的根機，在小乘法中修證到就以為滿足，以為究竟，其實真正的究竟，還在大乘。

小乘的宗派在印度雖有二十部，在中華雖有毘曇、俱舍、成實三宗，但俱舍毘曇可歸納於唯識，成實可入附三論。至於我國的大乘十一宗，涅槃宗後歸法華，地論宗歸入華嚴，攝論宗歸入唯識。所以把整個佛法歸納為大乘八宗。其中的律宗，是取的南山律宗，南山所傳的四分律，雖源出小乘，但在道宣律師的弘揚下，卻也轉為大乘了。如南山律所明的戒體即以思心所種子為其體，故南山律宗是融小歸大的一乘律宗。天台、賢首、三論、唯識、禪、律、淨、密這大乘八宗，其「境」是平等的，其「果」都以成佛為究竟，也是平等的；不過在「行」上，諸宗各有差別的施設。這差別的施設，乃各宗就某一點上來說明一切法所起的觀行：如唯識宗，以一切法皆是識而說明一切法，三論宗以一切法皆是空而說明一切法——故各宗有各宗的方便殊勝施設。這樣來判攝一切佛法與古德的判教，完全不同了，比方天台判釋迦如來一代時教，則有藏通別圓等差別，判自己所宗的為最圓教理。我則認為諸宗的根本原理及究竟的極果，都是平等無有高下的，只是行上所施設的不同罷了。八宗既是平等，亦各有其殊勝點，不能偏廢，更不能說此優彼劣，彼高此下。關於這個說法，最有具體說明的是大乘宗地圖（此圖製於民國十二年，曾演講數次：民國二十年最後一次在柏林寺講時，由法舫記錄，現有《大乘宗地圖釋》單行本流行）。以上是我前二期對佛法見解的一個概說。

第三期我對佛法的看法

這一期我對佛法的整個系統思想，在本院修學的人，應仔細的聽，聽時要牢牢的記得，聽後要如理思惟和加以研究。學天台教的人，會了它的判教，即以它的五時八教方式去弘揚；故在這裡跟隨我學的人，對我所講此期的佛法系統思想，也應善為運用，以作將來弘法時，判攝一切佛法的根據，亦可以這作為整個佛法的基本見解。

在民國十二三年後我對佛法的見解，就萌芽了第三期。這期的思想是什麼呢？此與前二期迥然不同。第一期的見解，可以說是承襲古德的，第二期的見解，是攝小歸大而八宗平等，即不同於第一期的因襲；而第三期則更不同於第二期了。然思想如是變更，見解如是進展者，乃不為舊來宗派所拘束，而將釋尊流傳到現代的佛法作圓滿的判攝罷了。這期可分教、理、行三者來講，由民國十二年後，直到今日以前，這種思想分散在我的講著裡的很多，不過還沒有作過綜合的說明。

一、教之佛本及三期三系

釋迦牟尼的一代教法，在古來大德，有判為五時八教的，有判為三時五教的，也有判為三時教的。我以為：佛在世時，佛為法本，法以佛為主、以佛為歸，雖然應機說法差別無量，但並沒有分大乘小乘頓教漸教，故佛為法本，法皆一味，佛怎麼說就怎麼說。雖聞法者以特殊的機緣關係，解有差殊，但不能以此別為大小，故也就就不能分作任何的宗派了。因為佛是唯一的，所以佛所說的法，當然也就是一味了。

到了佛滅度後，佛陀的教法，就不是那麼一味的了。依當時印度的法藏結集，和後來教法的流行演變，就已分作三期。

（一）小行大隱時期：初期的結集，是由迦葉、阿難、優波離所主持，雖結集的工作並不完全由他們經理，與之同時或後時更有其他的弟子結集，所謂有富樓那結集、窟外結集、菩薩結集等。但在佛滅度後，為當時國王大臣所護持，流行世間的佛法，則為迦葉、阿難所結集的三藏。至佛滅度二百年間，由此中分出上座部、大眾部兩大派，依此二部為本，更裂為二十部。在這二十部派未曾分裂之前，小乘教法是一味和合的。也就是傳在錫蘭等處的巴利語三藏。在佛滅後的五百年間，雖有二十部派的分裂，但不出乎小乘三藏的範圍，故可說是小乘盛行的時期。然在這時期，也不能說完全沒有大乘佛法，不過由於小乘教法的盛行，大乘教法就隱沒不彰。因為舊時的學者，都以小乘教法為唯一的佛法，所以這時也可說為小行大隱的時期。由於佛滅度不久，佛弟子們仗佛威德的餘勢，能依佛的軌範去實行，斷惑證果者，尚復不少，所以又名之曰正法時期。

（二）大主小從時期：初期的五百年過去，到了六百年的當兒，有馬鳴菩薩出世，著有《佛本行讚》等，竭力提倡大乘佛法。在他竭力的提倡宏揚之下，大乘佛法露其端倪。繼有龍樹、提婆應運而生，對破一切有部等法執，闡揚大乘畢竟空義。後復有無著、世親興起，發揮大乘妙有之理，對一切法空的基本思想，加以補充的說明。他認為一切法雖說是畢竟皆空，然其中的因果，有條不紊絲毫不爽，故說明一切種，成立阿賴耶。這在教理上，是發揮得淋漓盡致了。這麼一來，遂使素來隱沒的大乘佛法風行於世，遍布於全個印度了，故這時可名之為大乘盛行時期。但這期間，並非沒有小乘教法，不過由於大乘空有的教義過於弘盛光大，是以使那有權威而盛行於初期的小乘教義，漸陷附庸地位，故又可名之為大小並行時期，或大主小從時期。

（三）大行小隱密主顯從時期：二期的五百年過去，到這期的五百年時，約在佛滅千二百年間，大乘空宗產生了清辨，大乘有宗產生了護法。清辨論師傳承龍樹菩薩畢竟空義破斥有宗，護法論師傳承無著菩薩如幻有義破斥空宗，於是大乘空有二宗分道揚鑣，互相對立，成為空有之諍。這種現象，在二期大乘盛行的時候是沒有的，以其時龍猛、提婆雖偏重於闡揚大乘畢竟空義，無著、世親雖偏重於發揮如幻有義，但後者只是補充前者，並未據為各有所宗，另成一派。但第三期間空有互相對敵的因子，已種於第二期。到這時候以後，大乘的盛行已達極點，而小乘也就幾乎沒落。由於大乘的發達盛行，於是佛法普遍到民間去。正在這時，龍智菩薩等出來弘揚密咒，把通俗的印度風習都融攝進來。因而密法就發達起來，故此時可名為密咒盛行時期。但在這期間，大小乘教法非全絕跡於世，不過由於密法過於弘盛，致使那盛極一時的大乘佛法及已衰落的小乘教理，皆依附密咒之中流行。故這期亦可名為密主顯從時期。印度密宗的盛行，是在佛滅千餘年之後。玄奘法師在印留學時，密咒流行尚少；到義淨法師去印的時候，密咒漸盛行，隨義淨法師去留學的人，就有學習密咒的了。如印度最負盛名的那爛陀寺，起初只是大乘顯教的根據地，到了這時，也轉成為密宗的道場了。後來的超岩寺，更是完全盛行密教的。

上面所說的三個時期，是佛滅後印度佛教流傳的全部情形，即以印度三期所流行的佛教，而成為今日世界上所流行的三大系的佛教。

第一期盛行的小乘佛教，今日流行於世的可以錫蘭為中心，由錫蘭而流傳於緬甸、暹羅及安南、馬來亞群島等處，是為巴利文系佛教，也可說是錫蘭系佛教。初期的佛法本來是傳播到各方的，但他處隨了各地的不同環境，其後發生了種種沿革改變，另成別種的風尚宗派，甚或趨於消滅；惟所傳於錫、緬、暹能夠保持原狀，且一直傳至今日而發展光大之。即今錫、緬等地的佛教徒，尚認為他們的佛教是上座部的正統派佛教，由阿育王時代所傳播去的。從這一點說來，可見錫、緬、暹所流行的佛教，就是印度初期所盛行的佛教。

第二期盛行的大乘佛教，現在流行於世的，可以中國為中心，由中國而流傳於高麗、日本及安南等處，是為漢文系佛教，也可稱為中國系佛教。故印度二期大小並行的佛教，由中國繼續傳承流行；因為中國的佛教，大小三藏，皆悉完備，且也並行世間。實際說來，印度三期佛教，中國皆有，但因以第二期為主，以中國一向所行的，都與印度第二期相類。

第三期盛行的密咒佛教，現存於世界上的可以中國的西藏為中心，由西藏而流傳於西康、蒙古、甘肅及尼泊爾等處，是為藏文佛教，也可說為西藏系佛教。第三期的佛法流傳到西藏，這在歷史上是很明顯的，在中國唐朝的時候，西藏才有佛教輸入；而完成西藏的佛教，卻在我國宋朝。前面說過，印度佛教轉入第三期後，那爛陀、超岩二寺都是盛弘密宗道場，故到西藏弘揚佛法的蓮花生，即由那爛陀寺去的，中興西藏佛教的阿底峽，就是從超岩寺去的。現在西藏的佛教，漢文系的大乘，西藏也有；但西藏的小乘佛法不及內地完備，小乘經論都不具全；

而密乘的教典卻比較多一點。大乘的空有二宗雖都有流傳，不過在密宗盛行趨勢下，一般修學密宗者，皆以空勝解為所依，故空宗較為發達。在印度的第三期佛教即屬如此，故當以今日西藏系為代表。

總合的來說，佛世時的教法，是一味融通，無所謂分乘分宗的；所以一切法，以佛為歸為主，佛為法本，法皆一味。及至佛滅度後，佛法在印度分為三期，迄至今日流傳世界各國的，成為巴利文、漢文、藏文。這就是教之佛本及三期三系的概說。

二、理之實際及三級三宗

以佛法究竟真實言，所謂「實際理地，不立一法」。諸法實相，唯無分別智如如相應，無可建立，無可分說，離名絕相，超諸尋伺；由語言文字說真如法性等，都是假名安立的善巧施設，實際是無可言思唯證相應的。《法華經》中說：「諸法寂滅相，不可以言宣。」但為欲悟他，故從教法上顯示，分為三級來說明。這三級的分說，與菩提道次第論的三士頗相似，不過我所說的名詞，與之不同罷了。這種名稱，是在民國十五年我講佛學概論的時候說出。所謂三級者：五乘共法、三乘共法、大乘不共法（亦名大乘特法）。今作扼要的說明於下：

第一級五乘共法：最普遍的佛法要義，就是因緣所生法的原理，也即是因果法的原理。大凡佛法說明一切法，都要以這因緣生法的道理來闡述。因緣就是因，生法就是果，故因緣生法即是因果法。因果律於一切法中皆具有的，但其中特別注重業報因果；一切科學也依因果律，然不說業報因果，故與佛法所談的因果迥異其趣。六趣流轉的凡夫，三乘階級的賢聖，皆可由業果的原理說明。我們現在受著人的業果，要保持這人的報身，要免受三途的苦報，就得從這難得的寶貴人生，信解佛法的作人道理。所謂學佛先從作人起，學成了一個完善的人，然後才談得上學佛，若人都不能作好，怎麼還能去學超凡入聖的佛陀？所以學佛法的人，敬佛法僧，信業果報，是最要緊的一著。不但流轉的六凡，出世的三乘，皆建立在業果上；就是最高無上的佛陀，也不出因果的範圍，因為要修大乘六度萬行的清淨殊勝因，才能證得究竟圓滿的佛果。始從人乘，終至大乘佛位，名之曰「五乘」，而這因緣生法的原理亦即所謂因果法的原理，是五乘所共修的法。一個人，尤其是作了一個佛教徒的人，對因果業報，不能深信，則不能領受真正的佛法，也就不能了解佛法的正義，同時亦不能算為佛教徒，故根本上不能入佛法之門！這五乘共法的第一級，其範圍極廣，把這級穩固了，然後再進趣上級，那就容易了。比方世間造塔，不論他造七層九層，而最下層一定造得寬廣和鞏固，因為下層基礎作好，然後才能一層一層的向上造，學佛也是這樣。

第二級三乘共法：三乘就是聲聞、緣覺、菩薩，這三種出世的聖人，他們認識了世間純粹的是苦，知道了世間無一可愛樂，於是深深的厭離世間，積極的求出世的涅槃之樂。依著四念處、四正勤以至八正道的基本道路，而去實踐進修，不求人天果報，唯一目的，求證出世涅槃。教中所說的三法印——諸行無常、諸法無我、涅槃寂靜，就是三乘共法的標準，使三乘人了脫生死諸苦，證得涅槃寂靜。所謂共法者，以三乘雖有差殊，而這三法印是三乘所共遵以斷煩惱了生死的。這三乘共法，較前高了一級，以他們首先遠離了有漏流轉法，此即不共人天，為希人天樂果者之所不能及。因為人天有情，對於世間業果，尚有所希求的緣故。

第三級大乘特法：這是菩薩所特有的，不共於人天二乘的。此大乘佛法，以大悲菩提心，法空般若智，徧學一切法門，普渡一切眾生，嚴淨無量國土，求成無上佛果，為其唯一的誓願、唯一的事業。

此上三級的分別，是就整個的佛法普遍而說的，然大乘法廣，應分攝三宗以除偏執，這在民國十二年我作佛法總抉擇談已經說到。不過當時所說的名詞，稍有出入，今再作確定的說明於後：

（一）法性空慧宗：通達一切法的真如實性，必須了知一切法的自性皆空，然這要有畢竟空慧，才能究竟通達諸法空性。通達法空的般若，是大乘法的基本條件。雖有些根性鈍劣的有情，講解法空而不趣修大乘菩薩行，仍入小乘涅槃的；然發菩提心要廣行菩薩道者，則必須通達法空，以法空般若為宗。很多的大乘經論，就這一分真理上觀察持重，所以抽象的立此法性空慧宗，以攝一部分大乘佛法。

（二）法相唯識宗：法相是說明種種諸法無量差別的相狀，這相的意義非常之廣，凡一切法的相，皆可名為法相。如五法中的真如，可說是性，亦可說是相；三性中的圓成實，可說是性，也可說是相。然而給予諸法的差別相上一個正確的了解，適當的明白，則其所宗者即是唯識。以唯識講明一切法，有無量差別的一切功能種子，生起一切現行，因果相關，種現相續，明一切有為諸法因果差別。即對於無生無滅的無為法，所有真正認識切實了解、究竟親證，也是由識及由識轉成的智所了知。所謂「諸識所緣，唯識所現」。故凡了知的一切法相，皆是識現之法，識所現者；無為法雖非識所變，但也由識所顯；若非淨分識的正智所顯現，則畢竟沒有真如的證明了。這也有許多大乘經論所專重，故立此宗以攝之。

（三）法界圓覺宗：法界的「界」字，是包括一切法之義，即以盡一切法為界，而為任何一法所不能超越。前所說的「法性」、「法相」，都包括其中。「圓覺」可以說就是佛十號中的正徧知或正徧覺，佛果位上的一切智智、一切種智、一切相智，皆與圓覺之名義是一而二二而一的。以佛果之正徧知，無一刹那不是圓滿周徧覺知一切諸法性相的。法界的一切法，要能圓滿覺知，唯圓覺智，故以圓覺為宗。凡等覺菩薩以下，皆未能一刹那圓徧覺知諸法性相，以菩薩地上，以前刹那起根本智見諸法性，要後一刹那後得智生方得見諸法相而未能周盡。佛智則不如是，一刹那間就能夠周徧了知諸法性相。這在許多大乘經論中也都有所說明的。而天台、賢首所判圓教，亦皆依佛智境界而闡說。如天台圓教講一念圓具三千性相，即是在佛的智境上明。依此發心修行的菩薩，即所謂圓頓法門，以佛智境界為法門，而直趨無上菩提，禪、淨、密等也都屬此宗。

宗諸大乘經論的古來各宗派，皆各有所偏據，故我特明三宗，因為以這三宗來看一切大乘佛法，沒有解不通，亦沒有不圓融。至於上述的三級，初級的五乘共法，不論是人乘、天乘、乃至佛乘，誰也不能離了因果法而言，第二級的三乘共法，也是不能離了初級去凌空施設；即大乘不共法，也不能離了前二級而獨立，所以說三級是互相依靠的。人天果、二乘果都是趨佛乘過程中的一個階梯，非是究竟的目的地，究竟的目的地是至高無上的一乘佛果。

三、行之當機及三依三趣

「行」是側重當機者實踐上說的。佛在世時，當機說法，隨聞而解，隨解而行而證。所依所趣，在當機的各人有無量差別，不能拘說，故法貴當機，當機者妙，藥貴癒病，癒病者善。如平常不可食的穢毒，若是拿來作藥，適當病人的治療，那也是最好的藥了。所以不能定說怎般那般，更不可說這個法門某一類眾生可修，那個法門某一類眾生不可修。今判三依三趣，乃就三個時代機宜的大概而言。佛法流傳至今，已有二千五百年，現在正是第三千年間。依教中說：佛法有正法、像法、末法三個時期；正法住世的時間有一千年，像法亦然，而末法則有萬年。分述於左：

（一）依聲聞行果趣發起大乘心的正法時期：如來出世的本懷，是欲說出自悟自證的實相法門，但因為此土眾生的根機未熟，乃方便先說適合當時機宜的，先說聲聞乘法，令當機者起行證果。到法華會上才把這本懷說出來：「為欲開示悟入佛之知見，出現於世。」前所說者，都是令入佛乘，《法華經》云：「汝等所行是菩薩道。」從這點意義上說：由佛世時乃至正法的千年，是在依修證成的聲聞行果，而向於發起大乘心——即菩薩行果成佛的行果。聲聞行果，乃佛住世時，當機廣說。我們看佛經，可以見到很多比丘得證聖果的記載——或證須陀洹果，或證斯陀含果，或證阿那含果，或證阿羅漢果。即或有未能證得四沙門聖果者，從佛出家，至低限度，亦都能依比丘戒修行。到了佛滅度後，佛弟子們依著如來的正法——聲聞行果實踐實修，證得聲聞果者，在教史上亦歷歷可見。所以正法期間，是依聲聞行果而趣於發起大乘心的。已證聲聞果者，大乘心一發，即知早走上菩薩行的半途，不難成佛了。

（二）依天乘行果趣獲得大乘果的像法時期：在印度進入第二千年的佛法，正是傳於西藏的密法。中國則是禪宗、淨土宗。禪宗出於第一期的末葉，附屬於第一期，故此像法時期足為代表的是密宗、淨土宗，是依天乘行果的道理。如密宗在先修成天色身的幻身成化身佛，淨土宗如兜率淨土，即天國之一。西方等攝受凡夫淨土亦等於天國。依這天色身、天國土，直趣於所欲獲得的大乘佛果。這是密淨的特點，與前期有所不同。以初期能先證聲聞行果的根機，到這像法時候是很少有的了。因為像法時期的眾生，理解力雖比較強，但持比丘戒者不可多得，故證聲聞行果頗不容易！是以先成天幻身，或上生天淨土，依密淨的天乘行果以期速達成佛的目的。所以像法期間，是依天乘行果而趣佛果——趣於大乘行果的。

（三）依人乘行果趣進修大乘行的末法時期：這是踏上了佛滅後第三千年的時代了，到了這時候——末法的開始，依天乘行果修淨密勉強的雖還有人作到，然而就最近的趨勢上觀察，修天乘行果這一著也不適時代機宜了。因此，也就失了能趣大乘的功效。但前一二期的根機，並非完全沒有，不過畢竟是很少數的了。而且依聲聞行果是要被詬為消極逃世的，依天乘行果是要被謗為迷信神權的，不惟不是方便反而成為障礙了。所以在今日的情形，所向的應在進趣大乘行。而所依的，既非初期的聲聞行果，亦非二期的天乘行果；而確定是人乘行果，以實行我所說的人生佛教的原理。依著人乘正法，先修成完善的人格，保持人乘的業報，方是時代的所需，尤為我國的情形所宜。由此向上增進，乃可進趣大乘行——即菩薩行大弘佛教。在業果上，使世界人類的人性不失，且成為完善美滿的人間。有了完善的人生為所依，進一步的使人們去修佛法所重的大乘菩薩行果。所以末法期間，是依人乘行果而進趣大乘行的。

今天所說的，從前都有講過，不過沒有綜合的講，這次是綜合的講了一遍了。人生佛教，即由人乘進趣大乘的佛法，在我著的《大乘與人間兩般文化》、《人生觀的科學》、《現實主義》、《自由史觀》等各書中，曾有詳細的理論建立。現在最要緊的是：先了解佛法、正信佛法，由正信佛法而實行佛法。就普遍的機宜上，重在從完成人生以發達人生而走上菩薩行的大乘覺路。就從保持人的業果言，在今日亦須以佛法建立起人生道德，使人間可為實行佛法的根據地。人人學佛，佛法才可風行世界，普遍全球。

我對佛法總系統的思想，略述如上。今天講了出來，是給大家一個總括的概念，你們應以這第三期的系統思想，去觀察佛法，了解佛法，修行佛法，宣揚佛法。

（心月、演培記）

《海潮音》第二十一卷第十期，一九四〇年十月

佛之修學法

向來佛教內，有所謂學佛與佛學之二語。學佛者，謂依佛所說之教法，實踐修行，以期證悟佛之知見，而佛學者，即講明佛自所證之萬法真理。實則，凡學佛者必先了解佛學之真理，然後學佛始能貫徹實行，欲貫徹實行，必先究明佛之學理。佛之學理，非如哲學，空談理想，難成事實；亦非宗教，假定一尊，使人崇拜以求解脫。乃依法界萬有之真相實理，方便解說，毫無謬誤；使迷昧眾生依之修學，以解脫世間學說——哲學、科學、神學等——所不能解除之痛苦，使達到人生真實平等自由之幸福。故佛學所以可寶貴者，在乎使人得以實證；而佛學所應注重者，則又在於依教修行。若認作哲學研究以供求知之欲望，則失佛所以說法之本懷矣！蓋諸佛出世說法度生，意在使一切眾生咸皆成佛，故所有言說，皆講明成佛之方法，使信佛者依以學習以修成佛道。今此標題云〈佛之修學法〉者，意指佛當時修學之法；而又表示今人學佛，於佛所說五乘法中，應以何法為學佛可以修習者。但欲講佛法，必先信有佛。佛者，乃覺行圓滿者之義，即指已得無上正徧覺之人；曾有釋迦牟尼，在此世中修行成佛，說法度人，號稱佛教。其能詮教，即現在流行之三藏、十二部，其所詮法，即宇宙萬有諸法緣生之真實理。

吾人若能實行修證此真理至於圓滿者，亦即名為無上正徧覺之佛；惟在未成佛以前，欲求成佛，不可不先研究佛之教法。佛之教法，共分五乘，惟吾人以有限之生命，若遊意於五乘之教法，深懼難任！今觀諸仁者信佛之來意，咸欲得一修學成佛之善法，故不辭為一述五乘共通修學之大乘佛法。大致當分三節：

學佛之根本精神

根本二字所含之意義，乃泛指能為諸法產生之依據者。例如樹木，若無根本，則樹葉絕不能生存；而精神又為支配身體活動之機關，凡百事業之成立，皆精神指導身體活動之結果。今吾人學佛，乃有生以來之唯一大事，若不知於佛法中擇取一法以為修學之根本精神，絕難望成。茲就管見所及，略述二種：

一、獨立與發展——自覺的

世間宗教，由探索萬有之本體不得，或於萬有之外，或隨於萬有之中，別執一物，以為萬有從生之大本因，超出萬有之上，具全知全能之用；而又不許人對於萬有之大本因稍加懷疑，故養成人類依賴之性，促成帝王專制之政。不懷疑，則人類只知保守原有之狀態；性依賴，則缺乏獨立發展之精神；此所以束縛人羣之思想，而阻礙其進步也！惟佛教建設人類於絕對平等自由之上，其所言皆提高人類之個性，使發展本有獨立之特德，與奴於他人而抑制個性之宗教，實不可以同年語矣。為廣利樂，暢演此義，復分為二：

（一）絕對獨立之特德：此絕對獨立之特德，在佛不增，在凡不減。凡夫迷此而流轉生死，菩薩悟此而圓成佛道。故佛名大覺，即覺悟此獨立特別之德性。此又不專限於動物，凡有形範圍之內所有萬事萬物，皆有獨立特別之德性；乃至無情之草木瓦石，亦復圓滿具足，蓋若無獨立特別之德性，即不能完成其為物。凡物之生也，皆各有此性以為能生之因，無則絕不能生。是故此性，於人於物極貴極尊，而人覺悟此性，則可以統攝一切而為諸法之王。釋尊生時，因悟此性，故發言曰：「天上天下，唯『我』獨尊！」雲門則曰：「老僧當時若見，一棒打殺與狗子吃！」此皆各為發揮其獨立特別之德性。後世學者不達此義。聞說學佛亦仗他力，遂唯點燭燒香以求成佛，與死守教下以冀悟入者。前者衍成祈禱之宗教，後者變為哲學之空談，此皆未覺獨立特有之德性，而執著文字或盲拜偶像，反為此所限制，不能成佛。昔蕅益大師將出家，其舅問之曰：若出家，必不屑為講經之法師，而欲為禪宗之善知識。師答曰：法師是烏龜，禪師是亡八。推而上之，則佛亦可說是烏龜，菩薩亦可稱為亡八。若能從此而悟入，則拈一莖草作丈六金身，丈六金身作一莖草，剖一微塵出大千經典，皆不足為奇；若不明悟此理，則所學皆為枝葉，縱經塵劫亦不能成佛。故學佛之根本，必須覺悟此本有特立獨存之德性，方有學佛之資格。

上述各義，頗近禪宗。世有不達此理者，謂佛法之衰落原於禪宗之興盛，故抑禪宗而倡唯識。不知禪宗實為佛法之精蘊所寄，而又能圓攝各宗而無礙。今第二段，試就唯識宗而一探此義。

（二）無限發展之自由：唯識宗言宇宙萬有皆為因緣所生。而彼所指之因緣，又非於世界之外別有其物。因者，以世界萬有各各之特別種子為因，緣者又以世界萬有各各相互增長為緣。蓋因之與緣亦所生法，故一切法皆因緣所生，因緣又即為一切法。此能生諸法之因，與關係諸法能生之緣，皆具有特立獨存之德性，在唯識家之術語，名之曰藏識。其特德有二：一曰、攝統性，二曰、持續性。能攝納統一諸法之種子者，名曰攝統性。因緣中之因，即能生諸法之功能未發現者，亦名種子；萬法之種子，皆含納於此識中，故名藏識。能使剎那生滅之諸法，在此生彼滅彼滅此生之中，得永持以連續而不斷者，曰藏識之持續性。今此所云獨立特有之德性者，即此識中所含藏能生佛果——果指佛身佛土而言——之不共善性。一切眾生各有藏識，而藏識又各有此攝持性，故無論沉滅三途，而獨立特有之德性皆不能遺失，不能破壞。往昔諸佛，因覺悟自他皆有此獨存之德性，故自述其所證悟之方法，以教化一切眾生，使開發本有不共之特德，出離世間之苦惱，達到永久安寧之目的，所以有吾人今日所從事之佛學出現於世。故吾人學佛之根本，必須悟此獨特之德性，方能向外發展，乃不受環境之所支配而能改造環境，獨身衝決一切障礙而享受自在。《法華經》云：我為法王，於法自在。」是即我佛當時打破環境而改造環境之明證。禪宗亦云：「魔來魔斬，佛來佛斬。」此所謂「沒量英雄，蓋天蓋地」！古德有言：「轉得大地山河歸自己，轉得自己為大地山河。」其自由發展之精神為何如哉！

世間諸人每因環境所障礙而失敗，學佛之人，又多為佛法所障礙，致未能成佛。推原其故，則由於缺乏此大雄無畏之根本精神，故只成委靡猥鄙之不智的弱者。

二、和合與增上——覺他的

將述此義，復開二分：

（一）緣起性空之和合： 宇宙萬有諸法，世或言上帝造成，或言大梵天生，或言地、水、火、風生，或言陰、陽、太極生，或言化學元質生，或說由虛空生。依佛所說，世界諸法，凡是有的，無論一事一物，皆眾緣集起，空無自性，唯是眾緣和合相互資助而得生起。比如眼識，本能見物，若生盲人雖有眼識亦不能見。識喻如因，根喻如緣，有因無緣固不能生，有緣無因亦不能生，故一切法起唯緣起，滅唯緣滅，無有一法而能獨起獨滅者。何以故？本無離絕餘法之此一法故，一切法各有其因，則無外道一因不平等因之過；因復待緣，則無離絕餘法之外而有能生此法自性之執，無外道固定之自性。所以能眾緣和合而生起，所以能各變各緣而相似一。此不獨佛說為然，即莊周所謂「萬物與我並生，天地與我為一」，亦冥契緣起性空之真義。

（二）相應互資之增上： 佛教立四緣：一曰「因緣」，二曰「增上緣」，三曰「所緣緣」，四曰「等無間緣」。第一種因緣，即能生諸法之親生因，下三種皆緣，即與諸法相應而相互資助之緣。一切諸法之現行也，除直接能生之親因，復有互相關係互相資助之疏緣。色法有與色法之相應互資，心法有心法之相應互資，乃至色法與心法之相心互資，情界與器界之相應互資，自身與他身之相應互資，自心與他心之相應互資，自地與他地之相應互資，佛界與生界之相應互資，推而至於世出世間法無一不有相應互資之義。但須兩法以上，方能相應資助，何以故？對待而生故。譬如今人講國際互助主義，必須彼此皆有特立獨存之國家，方有互助可言。即念佛往生，亦因凡夫與佛皆具有獨立特存之德性，故能互相關係，互相資助；否則，佛亦不能度生，生亦不能見佛。諸佛菩薩由悟緣起性空之和合，故能等視有情，發無緣之大慈，由悟相應資助之增上而發同體之大悲，以滅度一切眾生而圓成無上菩提。是故學佛之根本，必須有此和合增上覺他之精神也。近來學佛者失此根本之精神，故只成涼薄偷惰之不仁的小人。

佛學之特殊性質

流行於世間之學說，大致不出四種：一曰、科學，二曰、哲學，三曰、佛學，四曰、宗教，惟世人對於佛教，能研究而深明其學理者，於世實難多得。故淺狹之流，或批評佛教為宗教；世智辯聰之輩，則又誤認佛教為哲學。實則，佛教非宗教、非科學而尤非哲學，只能稱為佛教。今將佛教之真理與世間之學說，而比較其特別不同之性質，試分二節述之如下：

一、來源與施設

（一）聖心與凡識之異： 來源異者，即指東洋學說與西洋學說所以產生之因緣，各自有其不同也。蓋西洋文明多近於科學之哲學，而東方文化則近於宗教之哲學。耶穌雖流行西洋，究其根本則又出於東洋。西洋為科學昌明產生之地，希臘古代雖有哲學之名，而其所言多近於科學方法；及科學發明後，竟無獨立完成之哲學。東洋雖為哲學最盛行之國，但亦無脫離宗教之範圍而別成為哲學者。代表中國古代哲學之孔、老二家，皆以天、道二字以標所宗；其對於宇宙萬有之形形色色，亦以天、道二字解釋之。唯其重視天道也，雖無專門宗教家之祈禱禮拜式，其承認有全知全能之人格神，則與宗教同一迷信。佛學雖產於東洋，就凡夫俗情上間亦說有欲界之天、色界之天、無色界之天；雖亦建立有人乘之道，天乘之道，聲聞、緣覺之道，菩薩與佛所行之道；但言天道之義，則高出於儒、道諸家之上。孔、老二家時或天道並說，時又說天即是道，道即是天；其於天道之義，猶恍惚而未睹其真。若依佛法解釋：則天即是天，道即宇宙萬有緣生之真理，佛即發明此真理之人。於此亦足證佛法非西洋科學之哲學，與東洋宗教之哲學所能範圍。

但東洋文化注重內心之修養，其言論皆修養內心所得之經驗。今之佛學，即佛當時修養內心之結果。孔、老二家所發明之道，亦因修養內心而證於高出常人之心境。有釋迦心性上之證明，乃有佛學；有孔、老心性之證明，乃有儒、道學；其餘諸子百家，不過於孔、老心性上所證明、言之未詳密者，更發揮其說而自成學派。西洋文化偏重客觀之經驗，其所自詡為西方人獨得之科學，亦不過藉宇宙萬有現象為經驗之基本，使前五識對於萬有之作用起感覺，意識更從而加以歸納及演繹之工作，使成為有系統有部分之知識。此西方人研究學問之通義，故其學說皆由五官感覺而發明者。故雖有哲學，亦皆近於科學之哲學。東洋學說皆發源於超出常人之心境；故東洋可名為聖人之學，西洋可名為凡夫之學。而佛之教法，不惟超出西洋之學說，即與東洋之孔、老諸子，其證明之心境尤有深淺粗細之不同。

故世間所有之學說，皆隨時代而有進化；唯佛學獨有退化而無進化。何以故？佛學由無上聖智所流出故，與通常之學理學說出發點完全不同。蓋通常之學說，乃依半明半昧之常識推究所成，從所已知者而推究其所未知。如科學家在研究之先，一方依賴前人感覺所得之經驗，一方更加以自己感覺經驗所得之知識，而作比較之推論。故得一番經驗，加一層知識。如昔言天圓地方，後知地本球形，故說無確定，義時變動。通觀西洋之學術史，皆是甲說乙破，乙說丙破，從無經過數十年而未遭人摧破者。以前人之知識有限，後人之經驗無窮；尤以其所持以求知識者，徒用五官之感覺，五官之感覺必藉客觀之萬有，客觀之萬有無窮，故西洋之學說亦隨經驗而進化無窮。惟佛為無上正覺者，對於宇宙萬有生滅變化之真理，無一剎那間不徹上徹下徹內徹外完全明瞭覺知者。由此明瞭覺知所產生之思想言論，後之學者極其思想之能慮、五官之感覺，亦不能出此範圍之外而別有所謂新佛學。故西洋文化則隨時代而有進化，東洋文化則經時愈久而退化愈甚。世之不達此義者，以西洋科學方法而研究佛學，所以扞格不入。此佛學在東西洋文化中之特殊性質一。

（二）應機與隨執之異：東洋文化是應機而施者，西洋文化是隨執而設者，此為二方大致不同點。而佛學在東西洋文化中又獨有特殊之性質。蓋東洋文化雖同為應機而施設，但佛學所容納之知識，又為佛當時證明宇宙萬有之真理所產生者，故其所言皆為正智。世人之智識皆謬誤不正見，佛因是而發起大悲心，應用當時所證得之正智而發為言教，故所言皆為應機應時之教法。應時者，觀察時代所流行之學術思想，而施以補救方法；應機者，隨眾生之程度，說適當之教法，所謂：應以聲聞身得度者、為現聲聞身而說法；應以緣覺身得度者、為現緣覺身而說法；應以菩薩身得度者、為現菩薩身而說法；乃至應以宰官、童男、童女身得度者，亦為現宰官、童男、童女身而說法。佛以眾生之程度不等，故其教法亦有五乘之別。蓋程度淺而教法深，則不惟無益而反有損；法華之五千退席，斯其明證。所以善於教化者，皆有應機施設之方便。如《論語》言「仁」，其門人所問皆同，孔子所答則隨人而異，此亦應機施教之一端也。西洋文學所包含之智識，皆生於五官感覺之經驗：有感覺社會之現象為經濟所壓迫者，則發表其經濟之學說；有感於經濟為資本家所壟斷者，則提倡社會主義之學說；人各以其所見而發為學說，故學說歧出。佛學雖有高深淺近之別，唯是應機而說教不同，非如西洋學說之隨人見解而異。此又為佛學在施設上與各家特殊之性質二。

二、無漏與離言

（一）有漏與無漏之別：無漏者，謂完全美滿之意，不完全不美滿者，則為有漏。佛學為修養內心之無漏善法。東洋孔、老諸子，雖有高出常人之內心修養學，若依佛法觀察，則其修養尚未臻圓滿之境，其知識亦有不完全之處，只可名之曰有漏學，習此學者，能實行人羣之道德，亦可以不失人天之福報；雖非究竟圓滿之真理，但所證入之心境，則亦非西方學者所能企及也。

（二）著言與離言之別：西洋人研究學說，雖藉宇宙有為感覺之經驗之對象，而又須賴前人由經驗所產生之言說，以為推論之基本；若離言說文字，則無所謂學說。故西洋文化所言，皆非真理之表示。何以故？凡近於真理者，皆含有離言性故。蓋言說文字，雖能表詮萬有之義相，絕不會因言說文字而覺萬有之實相。蓋一切言說，惟是隨順俗情而假施設，至其究竟，皆以言而離言，絕無以言說文字所表示之義理為究竟圓滿者。證以儒家，則孔子曰：「余欲無言！天何言哉？四時行焉！百物生焉！天何言哉？」他若宋、明儒之從事靜坐，與參究未發之性，皆是冀以離言而契入實相之明證。即老子亦曰：「道可道、非常道，名可名、非常名；無名、天地之始，有名、萬物之母，」乃至「吾不知其名，強名之曰道」，皆指離言本然之實相。惟孔、老二家雖說離言，仍在言說文字上而顯示離言，盡文字言說形容之能事。以表示離言之境界，非文字言說所能言，猶是意識分別邊事。而佛學，則為根本無分別智所流出。在俗情上，凡見一事，必由分別方有智識。唯佛智而無分別，無分別而智；無分別而智，為一切言說分別所不能入。蓋佛之所證者皆超出言說之上，雖超出言說而不離言說，如因指見月，指固非月，但見月亦須待指；法本離言，然聞法亦須因言。所謂說法四十九年。說者未說一字，聞者未聞一字。俗學則由學而保存其學，佛學是以學而取消其學——如羅漢名為無學位。《金剛經》言：「如筏喻者，法尚應捨，何況非法？」此等皆宣此義——。此亦佛學與各種學說不同之特殊性質也。

修學之適當態度

世人對於佛教，或謂須重學理之研究；或謂當作行為之修養；或謂研究佛學應持懷疑之態度；或謂佛法聖言，惟宜絕對之信受。雖具片面之理由，終非修學之標準。然則今日吾人學佛，應用何種為適當之態度？茲上探我佛了義之經，下擇適機修學之法，略述二分。

一、考據與信仰

考察事實，必有證據，方能破人類過去之疑惑，起現前之新信。漢人治經，皆為考據之學，其所言說，既作學理之考據，亦為史實之證明。仰信者，以能發明真理之人，為自己信從仰求者。但無相當之考據，則其所信每成為盲信；若專持己意之考據，則對未證悟之言論，必妄肆詆毀。茲為方便學者起見，復分為二：

（一）**參用史實之考據**：今世研究佛學者，大致可分二派：一，訓詁派；二，義理派。

訓詁派之研究依詁訓解釋文句，然泥守陳言，尠有發揮。義理派之研究類皆望文生義，穿鑿附會。以是二因，研究佛學者雖多，而佛之教理，茫昧難知如故。故今後從事佛學：：①應研究立說者之地位及立說者之思想，與當時所流行各種學說之關係；②應研究教理發展之程序，及因襲推演之途徑，與變遷沿革之因果；③後世傳承佛教者，每有誤會教理之弊，故學者必持依法不依人之態度，而辨別後人對於教理之誤解，於佛說亦認識其為了義與不了義；四、佛教在流傳上亦有為後人改易加入者，宜慎辨別。乩壇所傳與得於夢中、山谷等種種不經之談，無智之佛教徒，亦多承認為是而信從者。

考佛當時說法，本無記載之文字。逮佛滅後，其弟子欲使教法永留於世，乃各以當時親聞所記憶者，共同誦出，為文以結集其義。其傳入震旦者，又皆經過翻譯之手續。是則佛之經典，皆有歷史可言。故學佛者，必依教理，研究教理；又須從事佛教史，以考據教理之真偽。觀上述之四條，亦足證參用史實以考事據之必要矣。

（二）尊重果覺之仰信：史實之考據，今人亦有見及此理者。惟不知歷史之考據，在佛法中只可應用於相當之事實。而必泥執史學研究之法，對於佛說種種事相乃多否認，如近之學者每犯此病。故此後學佛，應有第二段尊重果覺之信仰，即信從得證佛果者有超人之智識，其所證知之境界有非人類之常智所能徵驗者。故研究佛學，於聖言量應有尊重之態度。若依常人之智識，以研究史學之眼光而應用於佛學，則考據必不相當，且必因此而根本否認佛果所成之學理。故學佛無尊重果覺之仰信，則修行學佛必無所標準。如研究儒學者，其心目中亦必先信孔子有超人之聖德，堪為人類修學之標準，方能研究儒學而成為儒家之所謂聖人。佛法中有種種不思議事，吾人修學若不到成佛境界則不能證知此種事實。如說此經佛當時在龍宮宣講，與稱佛在大光明中演說；又說《華嚴經》由龍宮誦出，及《大日經》為南天鐵塔取出等說。若無果覺之仰信，徒持凡夫之知見以考據佛學，於此種事必成懷疑。以懷疑故則不能信受，無信受則永無成佛之希望。當知有非常之人必有非常之事，若信有非常之人而仰求修學，則向之所訝以為非常之事者，終有的確證到之一日在。比如有人未到北京，別有一人因到北京而了解彼地之情形，轉向此人而稱述其親身視察之景況；在此人既未曾經歷，他人所說亦不能信受，必永無明白之。學佛之人若修養未到，於佛說種種神變境界既不能有實地試驗之能力，於佛說又不能取仰信之態度，則亦終於疑惑而永淪生死已。

此種信仰，本為合理之態度，實非迷信盲從者之可比。蓋佛實為證知宇宙萬有圓滿之真相者，若吾人但信有宇宙萬有之真理而不信有能證悟萬有真理之人，則所承認之真理亦非實有。何以故？無能證無上圓滿之覺者，即亦無所證圓滿之真理故。故修學佛法，證據與仰信二方面，皆應有相當之態度。

二、教義與宗趣

（一）廣探教海之理義：佛學非言語上之空談，學佛亦非盲從之行為，皆有相當之教義與行為。佛之教義，猶如大海，故應博覽。然又非泛泛之博覽可比，必具有冷靜之態度與深沈之觀察，不應執一經、一論、一宗、一派之言論，以攻擊他宗為不合佛法；應有平等普遍之研究與平等普遍之觀察，又不宜參以一己之感情作用與研究他種學說之凡俗見解，以為研究之標準。否則，絕不能明白佛學之圓滿真理。故應廣探三藏之玄文，以求如理之教義。

（二）尋究宗極之行趣：今世學佛之士，其原因多被動於求智之心，故有謂先求如理之法相，而後起如理之修證者。佛言：佛言人命在於呼吸，一氣不來，前功盡棄。每一念及，輒為寒心！故今為諸仁者講適當之修學法。不惟願諸仁者依佛教之經典而明白其教理，且願同時依教理而起行證。蓋無教理則無修學之標準，無適當之行為則教理亦成空談而勞心無實益。所謂行由理起，理由行證者此也。但研究教理，須得其系統，乃能起行趣證，此在佛法中名曰「宗趣」。宗有禪、淨、律、密等不同，在理義上則大致從同。於行為上，則宗趣之方法各自別開。故修行應先明白大藏之教理，然後專趣一宗以求證入。如天台宗言三觀六即之理，若研究者不可專守此宗陳言，以為盡佛學之能事。當先廣探大藏之教義，求其於思想得一貫之系統，方有安心立命之處，方能起行趣證，故修行適當之態度：①須明白大藏之教理；②須尋得修行之宗趣。若能如此以研究至教，則必能明徹至教所詮之真理，斷疑生信。

（唐大定記）

《海潮音》第八卷第二期，一九二七年四月

佛陀學綱

今天在首都首剎毗盧寺，和首都同人相聚一堂，更得李主席駕臨指導，這豈但是太虛個人的榮幸，實在可以說是佛學昌明的預兆！到會諸君，大都已有相當的研究和行持，本不用太虛來講說，不過因此盛會，太虛也很歡喜把二十年來研究所得，貢獻各位以求各位的指教。

平常所謂佛，是梵語佛陀二字的簡稱，意義是覺者，就像世間有學問的叫作學者一般。所以，有普遍大徹悟的叫作覺者，覺者是人類最高人格的表現——因為人是小宇宙，與大宇宙一致不二，以全宇宙為自體是人生最高的價值，能夠達到這個目的才是人生最高的意義；所以世界人類不可不求最高人格的實現——在人類得到最高覺悟的就是佛。佛是人類最高的模範，指示我們如何做人，如何進到超人地位，乃至如何做到完全覺悟。因此，信佛不是迷信，是徹底破迷，是趨向覺悟的。而且，佛並沒有說只我是佛，你們一切都應當信仰我。卻說凡有心靈覺知的皆有成佛的可能性。所以，佛是主張平等的，是主張人人都可以成佛的，人人成佛乃佛學的目的。就根本上說，佛法既不是宗教，也不是哲學，所以有人說佛法非宗教非哲學。佛法雖可以包括一切宗教、哲學，而卻又超出一切宗教、哲學之上。如別的宗教，信仰者不能與被信仰者平等，佛法卻不然。所以，佛教應該叫作佛法，不是宗教，不是哲學。

原理——現實主義（即法爾如是）

佛陀學的原理，用一種名詞把它表示出來，就是現實主義。宇宙間一切存在的事事物物，都可以謂之現，這些一切存在的事實，就叫作現實。所謂現實主義，依佛陀學的道理講，就是這些一切存在的事實，本來怎樣就明白它是怎樣，事實如何便還它如何。譬如花瓶就是花瓶，不能說是別樣。現實主義的標題下何以寫著「即法爾如是」呢？佛對於全宇宙完全覺悟，把全宇宙覺照得明明白白，所謂「洞見諸法實相」，也就是洞見全宇宙本來面目。全宇宙本來面目，在佛法上謂之法爾如是，就是說全宇宙一切存在的事實本來如此。其次，現實主義又可以說是佛陀無主義的主義。什麼緣故呢？世間上的種種主義，是參加個人主觀和私見的，不是全宇宙公平無私和本來如是的；佛陀的現實主義，是全宇宙本來如此的真實主義，是非主觀無私見的，所以是無主義的主義。總結一句，就是佛用很巧妙的言語文字，把本來如此的現實說出來，叫作現實主義；也就是根據佛陀教義，說明宇宙一切存在事實的真相。上來說明現實主義的名稱所由來，此下再分開來講。

一、現行實事

現是顯現出來，是現在有。譬如現在有世界，現在有人類，現在有萬物。現前事物，無時不在流行變化中，不是一種固定的。宇宙間一切事事物物，大至世界小至一微塵，都在流行變化，所以叫它作現行實事。譬如人的一生，何年何月何日生，何年何月何日死；物件的何時成何時壞；推而廣之，地球也是多少年數成多少年數壞；再講遠些，到太陽也有成時壞時；所以世事都有成壞、生死的一定限量。見到如此，還沒有見到真相，因為宇宙萬有不但是時時刻刻變化而已。一切顯現的事物，生滅起伏，流行變化，如流水一般。這個變化之流，可以謂之生命之流。所以全宇宙一切存在的事實，都是大小相通，前後相生，剎那生滅相續的（最短的時間謂之剎那）。這種流變之理，依近代科學的研究，不但不違背，反而證明是很真實的。科學分析事物為分子、原子、電子等類，電子有陰陽性，是時刻有變化的；由此可見萬物流行不息——科學的昌達，對於佛學雖有證明的地方，但科學是科據五官感覺，而佛學是直接覺知的——這才是見到宇宙的真相，即是宇宙現行的實事。

其次，人類的生命，其來無始，不是那年生後才有的；一生不過是生命流所現出來的一節，不是它的全體，如長江的一段一般。一生一死，不過是生命流的一種變化假相。一切事物亦如此，時時刻刻變化而又永久相續不斷。能明白這種道理，即可以破除許多迷惑。

常人覺得人生是空虛的，無意義，無價值，除了飲食男女等以外，什麼事都沒有。這樣迷惑的結果，思想高的自殺；低的以為人生目的在衣食住等欲求的滿足，所以全副精神用在追求生活的美滿享受上。因之，彼此相爭，使世界擾亂不已，爭鬥困苦的事情觸目皆是，結果引出世界大慘劫來。這是對於宇宙流變的真相不明白，就是不明白現行實事所致，都不是覺悟者。另外有一種人，推測世界上一定有一個創造者主宰者，創造主宰世界萬物，由此就產生宗教的迷信來，把人類本來的可能覺悟性障蔽，不能顯出。無始無終，循環無端，是所有事事物物的真相。不明白這種道理的，只看見生命流的一節，所以立出造物主等類的名稱來。但試問造物主是否一物？假如不是一物，就沒有自身，何以能造別物？假如也是一物，造物主是誰所造？如此，可見造物主不能成立。

要知世界萬物，都不用他物來造，而是生滅相續流行不息本來如是的。如能明白人生真相是這樣的無始無終，世界也是這樣的無始無終不是沒有生滅成壞，不過是流行不息循環不斷而已。這就可以把心量放大到無邊無量，心量放大就沒有執著，而與宇宙真相契合。像這樣，現行實事無始無終，人生世界都如此，都是無始無終之生命的實現。過去一切行為為因，現在為果，現在一切行為又發生將來的結果，因果重重相續無盡，所以人生有不朽的價值！這種道理，不但學佛成佛要知道，就是要作有人格的人，有道德的人，也都應當明白，否則會生出許多煩惱來。照大乘道理說，先要作一個完善人，然後再進到超人的菩薩，再進到超超人的佛。想作一個完善人，對於現行實事，就不可不先明白；明白無始無終，才知道人生行為是永久相續不滅的，所行所為有不朽的意義，有不朽的價值。

二、現事實性

現事，就是現行實事。把它仔細考察起來：一人或一屋都有個體，其實這個個體不是定性，也無獨立性；依佛法講，是因緣所生。譬如粉筆，是堊、水、人工、模型等眾緣湊合所成，有因還有緣；又如一莖草，是由種子、水、土、日光等所成，也是有因有緣；又如人生是生命之流，加上父母和合機緣，乃至水、土、日光、空氣等關係，大而言之，世界的成功，也是由於因緣——因為四大（色法）種子（化學上的原子電子），緣是一切眾生的業力——。由此推論，萬事萬物都是眾多因緣所成，無固定性，無獨立性。

像以上所說，人是聚合全宇宙一切而有所成功的，所以人是社會性的、宇宙性的，人的成功，就是宇宙的成功。古人說：「一言興邦，一言喪邦，」也就因為每一種行動都是交互錯綜的，都是互相影響發生關係的。再如世界的成功，是由於人類的業力，這是確實真理，並非玄想。譬如一個地方，都是有道德、有福氣的，自然可以造成一個好地方，否則只能造成一個壞地方。由此，可見人是社會性的、宇宙性的，並無一個實體我——自我性。

大聖大賢，把關於全社會的力量發揮出來，普遍於全人類全世界，能夠由人為轉移一切；所以人對於社會的一切行動，不可不審慎。因為人的行為業力，不但影響於人類，而且還影響於全世界（世界也是業力為緣所成）。可見人無我性，是社會性、宇宙性，所以一言一行能夠影響全社會全世界。既然知道人無自我性，依此道理作事，自有公平性，即成大公無我；因為大公無我，就是人生宇宙的實性。

平常人認定自我，自私自利，鬥爭不已，以致世界不安，人生無寧日。其實人類是應該互助的，不是應該鬥爭的。孫中山先生所講的三民主義，也講到此處，說鬥爭是社會的病態，真正的人生態度是互相調和的。明白現實的真實性是社會性、宇宙性，是大公無我，由此發心作事，自然一切都是和平安樂。這個並非勉強造成，是宇宙萬有的真實性本來如此。佛陀學的原理，就在眾緣所成，本空無我。既明白人生宇宙的真相如此，知識方面就有智慧，行為方面也就把握到妥當作人的方法。

三、現量實相

量是測量，能量的即是知識。用知識量度宇宙萬物，所以宇宙都是被量的。量有兩種：一現量，二比量。現量是直接知識到的，譬如看見顏色聽見聲音，是現在顯現的。比量是依據直接覺知而推知的，如望見茶而知止渴。量就是正確的知識，一點沒有錯誤的。歸納一句，現量是事實上的直接覺知，比量是理論上的推知。還有一種錯誤的量度，叫作非量，是不正確的知識。依科學上的知識，平常的知識，錯誤很多。又，世間的現量是部分的零碎的經驗，不是普遍的、完全的，這種缺陷可以由比量補足。比量有普遍性，而其缺陷是缺少確實性。有這兩種缺陷，所以常時發生錯誤。譬如古代政治制度，在當時的環境裡，是適用的；當時的人，雖然認為天經地義，現在卻不能適用。可知比量遠離確實性，就會發生流弊，甚至由錯誤而生苦痛。

真正的現量，是完全的普遍的直接知識，不用推論而足以彌補平常知識的缺陷。準於現量的實相，就是人生宇宙萬有的真實相；也就是佛陀最高覺悟的無分別智的境界。相對的知識，譬如黑白的知識是有分別的，不完全不普遍而且是相對的。佛學上所要成功的智慧，是要將相對的不完全的超越而成為完全普遍的知識——一切智。成功此智，是佛法上的目的。學佛，即是學得此完全智慧的方法。得到此智，親切證明宇宙人生的實相，能夠了知的覺悟性完全發揮。這就是學佛的理由。因為人生的苦痛由於錯誤，沒有真正的現量而來；假如證成了此智，就一切迷妄已去，一切苦痛皆無。至於這佛智如何而得，就必須用深刻的修持工夫。前兩重還可以用理論解釋它，第三重必須依法實行。人人可成，但須有適當的方法。修積成功，達到成佛目的，是佛學的最精要處。

四、現變實力

全宇宙中一切顯然的存在的事事物物，都是隨時變化的，而變化的當中有一種能變的力量，就是現變實力。平常誤會是神或造物主，依佛學說起來，這是錯誤的。須知能變的力量所謂「三界唯心，萬法唯識」，是心識的力量。萬有都變化，而真實變化的力量是人心乃至一切眾生心。人人有心所以人人自己能變化，都能自由自主，只要自己對於宇宙真相有相當的認識，立志厲行，即可達到目的。大聖大賢英雄豪傑乃至發大願成佛，都能自由自主，不過看知識到何種地位而已。譬如唯物史觀，只看見唯物一方面的道理，不知道是欲望知識進步、發現發明漸多的緣故。由心識變化而人生行為變化，以致生產方法亦從而變化；乃至民族心理，人類知識，都是世界轉變的原因。故所有事物都是隨心理知識變化的。講遠一點，天文學上所考究到的全宇宙，也確實是隨眾生心理的變化所顯現。試看佛學上修養相當的人，不能見的能見，不能聽的能聽，就因為心理的力量能衝過自然界的力量的緣故。總結一句，就是能變力在心。我們都有心，故都能自由自主的向上發達到最高成佛地位。

簡約說，佛學不是消極的，厭世的或迷信的，而是發達人生到最高最圓滿的地位的。以最高成佛為模範，把人的本性實現出來，從人生體現出全宇宙的真相，才完成人的意義。

動機──平等主義（即大慈悲性）

依前面所說的學理，可知人人都可以成佛，佛不只是被人信仰，而是做人模範。只要明白佛是如何發心，如何修行，如何成功，照著它去辦，就一樣的可以成佛。發心，就是動機。動機正當，後來所發生的行為結果必定圓滿；假如動機偏頗或者誤謬，結果也就必定不完善。成佛學佛的動機，就是平等主義，所謂「一切眾生悉皆平等」。就是近從人類，廣到宇宙間一切形形色色，體性悉皆平等。但在世法上看起來，並不如此，一類一類的分別是不平等的。像土石是無生機的，草木之類是有生機的，動物是有感情知覺的，到人類更有思想性道德，這似乎沒平等可言。那麼一切眾生之類悉皆平等，到底在何處見到呢？佛講實事實性完全平等，小自一微塵大至一世界，近自人類遠至一切眾生，都是流行不息的生命之流。在這點上悉皆平等。

一切眾生皆有心，皆有現變實力，都有可以達到最高覺悟的可能性，就是佛性——依此點講，就一切平等。眾生都可以達到最高尚最圓滿的地位，佛的地位，並非超出一切人類之上。此項思想，與共和國的道理相合，如共和國民皆有共和國元首的可能性，與君主國不合。佛的平等主義。是全宇宙界、全眾生界的平等主義。成佛的動機，是在全宇宙悉皆平等的地方發心，普為全宇宙一切眾生發心成佛，非為一人、一時代、一地域成佛，這是最普遍平等的願心，也就是大悲心。佛心具有普遍全宇宙的大光明智慧與一切完全的道德能力。一切眾生皆具如來智慧德相，但向來迷而不知把自己看得很小，將生命流上一點假相認為自己，向外推求，人人如此，便互相隔礙爭鬥，種種苦惱隨之而生。其實，這都是冤枉，完全由於自性不覺，自找苦吃！這並非是外物給予我們的，也不是絕對不可變的，不過是對於宇宙真相自性不覺悟，所以起種種推求爭鬥而生種種苦惱。人人都是佛——都有成佛的可能性，但都迷而不知，可悲可憫！像這樣，知道全宇宙一切眾生都可悲憫，都可以成佛而卻在冤枉受生死輪迴之苦，於是起大悲心。因此，自己不成佛，永遠沒有脫離痛苦之處，一切眾生亦然。凡是未到成佛地位，都是不圓滿，不免向外有所求而有變化，在流轉變化中有不能自主處，所以有種種苦惱。但是眾生本性，像山溪間的流水，千迴百折非流到大海不止。一切眾生的本能覺性，也一定要流到通河入海之處，就是走上成佛之路。有這條路，一切眾生就都有成佛的可能。明白一切平等義，從此理性上發心，便走上成佛的路。願令眾生究竟離一切苦，得一切安樂，才是成佛動機！倘若單為自己個人，或者以為佛是不可企及的，想倚賴佛去求福避禍，即非學佛者。平常人以為佛與鬼神一樣，信佛可以免禍得福；這種動機，在佛法上是迷非信。所以學佛應當普為一切眾生發心，不過在實行上，可以用種種不同的方法。譬如我們中國人，現在受著種種壓迫苦痛，就應該去作救國救民的事業，這種動機是正當的。但是實行，必須從能夠作到的先去實行，而動機上卻又須完全平等。在大平等主義上發心，才能夠做作國救人類的事業。此在佛法上講起來，即所謂發菩提心，修菩薩行。從佛性上發動為社會性宇宙性而發心，自然是善的而無惡的，學佛的動機如此。

世人對於學佛每誤以為是自私自利；古代讀書人，也以為學佛的死後可以安樂。其實在小乘部分固有求個人解脫之意，但並非佛法根本。佛法根本，在普為一切眾生發心，所謂「眾生無邊誓願度」。釋迦發心出家修道度世的動機，就由於對於自然界之觀察：自然界雖生生不息種類繁多，但是天地不仁，以萬物為芻狗，互相吞噬互相殘殺，能不能夠生存，能不能夠安樂，卻非天地所問。一切生類互爭互殺而得一日之生，覺得過於殘酷，太可悲憫，於是去講求如何免除一切悲痛慘苦的方法，這個就是大慈悲心。像孫中山先生民生主義的動機，也是出於想免去人類苦痛叫他得著安樂和平，也無非是出於一種菩提心。佛的大慈悲心，普為一切眾生，但要免去眾生悲慘的生活，先要自己覺悟宇宙人生的真相而具備救濟眾生的功能。釋迦幼年，有一次到鄉間觀察，看見農人耕地的時候，蟲從土裡出來，烏鳥隨即把牠吃掉。釋迦嗟嘆自然界的生活殘酷可悲憫，痛徹心腑，從此發心考察人生宇宙的真相如何，免去苦痛的方法如何，而勤求無上正覺的大道。此乃成佛發心，所以不是消極的；結果也就得著和善安樂的生活，就是大涅槃。釋迦修道的動機在成無上正覺之佛，所以成佛以後。居不寧處，說法度人。由此可知佛是普為一切眾生發心的，不是自私自利的，又不是空想作不到的，是有一種妥當辦法切實進行去實現的。平常以為佛法乃非人生的、厭世的、非倫理的，都是誤會。生命之流不自覺悟，所以有不安寧的狀態；求世界人類的生活完全平等，再進一步求一切眾生皆得平等安樂，即是成佛動機。所以佛法不是非人生的，乃發達人生的；不過不是專發達物質的生活，也不是專發達精神的生活，乃發達生命的完滿生活。這是大乘佛法的本義，學佛的動機須辨別清楚。

學佛原有小乘大乘之別，小乘動機但求自己解脫，平常以小乘為真正的佛法；還有對於佛法真理不明白的，以為佛是鬼神，這都是錯誤，因此生下許多誤會的評論。所以要辨清學佛的動機，可以約為四義：「皆有佛性，皆能成佛，自憫憫他，普成正覺，」就是說皆有成佛的可能性，皆有學佛平等的實性及可能性，所以皆可以成佛。這又可分作四層講：第一重是相信宇宙萬有有一種普遍完全的真理；第二重是相信這個真理有最高無上大覺悟的完全認識（無上菩提）；第三重是相信這個無上正覺有得到過的，如釋迦；第四重是相信人人都可以得到。佛學根本信仰不出這四重。但現在人類，在知識上、行為上、能力上、物質生活精神生活，能不圓滿而生種種欲望，以至生種種痛苦，雖說都可成佛，而實處於可悲可憫的地位，把此世界人類眾生所有痛苦，都看作如我自身痛苦一樣，發自憫憫他心，才是大乘動機。這樣發起大心，普為一切眾生救得無上正覺，有真覺悟才能破迷，一切行為才能合理。惟佛法為能明白一切痛苦之源起於迷惑，根本剷除，可以說是徹底革命。而成佛的動機，可以說是在改造成全宇宙全人類的安全生活。

辦法──進化主義（由人生而佛）

有動機而無適當的辦法，即不能實現；辦法不對，結果必適得其反。譬如社會主義，目的也在使人類得豐富安樂的生活，但無適當的方法，而利用鼓勵人類嫉妒憤恨不平心的偏激方法，以致人類不但不能夠得到安寧，反而使現社會更不安樂。可知理想雖好而無相當辦法，反生更不好的結果。學佛亦然，最初講了原理，又講了動機，若無辦法，如何能成佛？譬如旅行者，須有一條路，才可以前進，而佛法之路，即是一種進化主義。此進化主義，與平常不同，依佛法講，此自然界一切眾生的循環流轉（輪迴）的，不是進化的，增進到一定限度即會退回。譬如人，小孩是經驗少，少年時求智識學問，壯年作事，到了事業成功的時候，逐漸進入衰老期，結果不免一死。一生進化成績，至死全毀。又如地球，有成住壞空的變化，也是循環而非進化。人類與世界，不過新陳代謝而已。平常的自然現象，免不了佛法上所謂生死輪迴的循環，到限度滿足時即退，不能成為進化。所以，現在的進化主義，乃假進化，非究竟進化。

生死輪迴的循環流轉是最不幸最可痛的，辛苦勤勞所得的成績，到最後一齊毀滅，勞苦而無結果。對於這種苦痛，要有一種方法，打破生死輪迴的束縛，才能達到真正的進化。假如能明白生命之流，大大小小互相關係互相交通，依此見到無限度的真生命，就無所拘礙無所執著，只會增進而不會退墮下來。先前說過，無論何物，都是全宇宙的關係所成，一物即一切物，一入一切。在此真相中，各各事物個體無實自我，乃全宇宙種種關係集合所成的假相；而真相是普遍全宇宙。又人生與世界，是無始無終無邊際無限度的，既知道無限度，就見到宇宙人生的無限量，能與真相完全契合，將人生思想行為改善，逐漸進步而成進化，這是超出生死輪迴的起點。

大乘佛法上講，由發菩提心修菩薩行（菩薩不是偶像的代名詞，乃有覺悟的眾生），打破循環流轉，走上進化的大路。由眾生的地位用種種方法修證，走到佛的地位，這個就叫做進化。也就是由人到十信菩薩地位。再經十住、十行、十回向、四加行、十地，經過這種種進化，到佛地位才算圓滿。可知宇宙是進化的，人非最後進化之結果，還有超人地位。十信完成人的地位，例如世間的大聖大賢；十住是超人的地位，十住以上是超超人的地位。佛以全宇宙為生命，全宇宙無限量，佛身亦無限量，這才是最後進化的結果。

佛雖然普度一切眾生，一切眾生雖皆有成佛的可能性，但惟人類最宜於佛法中修學。人以下的眾生如畜生之類，一則苦痛逼迫，一則知識不發達，雖有佛說法也不能領會。人以上的眾生，所處境遇太好太快樂，心為當前境界所迷醉，不想學佛，所以人類是六道中最能端正心意趨向菩提的；就是唯有人類最富於成佛的可能性，所以佛示現在人類中說一切法，現在所講的佛法，就是人類中流行的佛法。

自釋迦成佛至今，已兩三千年，流行的國土有好幾十國，所經過的時代不同，民族不同，所以佛教史上很有相沿相革變化的地方。從佛的教化上看，第一、是契真理——所謂真理，是佛的圓滿大智慧所證得宇宙人生的真相。第二、亦須合時機——即所謂合時代潮流符羣眾心理，倘若不合時機，就不得通行。佛法流行兩千多年，經過幾十國，當然是符合羣眾心理的。所以，佛法真理，雖然亙古亙今不變不遷，但因為符合各時代各民族思想之不同，佛法的法門也隨著不同。

講到此地，且把佛教歷史的變遷說一說：釋迦在印度出世時，國家安靖，民殷物阜，人民只怕生老病死。怕死之極，就求個人解脫。釋迦為適合當時印度羣眾求個人解脫心理，於是先說小乘法。換句話說，就是當時求解脫的太多，並不知道人生世界當體是無始無終、無限量、無生死可解脫的；所以佛法不得不迂迴曲折，適合當時羣眾求解脫的心理，說無我解脫。把個人看空，我且無有，尚有何生死流轉可得？但從無我上否認自我，非佛法真正意義，不過適合當時羣眾心理。所以所說小乘解脫法，是迂迴曲折使由小乘達到大乘的，像大乘《妙法蓮華經》中所說。小乘是一時的方便，不如此羣眾不生信心，不能到佛法中來。佛本來以一大事因緣出現於世，即令一切眾生受佛開示，悟入佛智，得安寧無障礙的快樂。當時一般人只流傳小乘；到四五百年後，龍樹等才昌明大乘，但仍然是小乘形式。臨了婆羅門教復興，佛教衰落，就因為大乘思想與印度民族不十分相合的緣故。過後，大乘從北印度到中國來，中國人的思想是順自然重人生的，所以小乘思想不甚合宜而流行大乘思想。但一般社會上流行的，非純正之佛教，而為羼雜神道設教之佛教。大乘思想在儒家思想的中國政治社會下，只能退處山林，不能作社會事業，不能社會化，所以雖然昌明大乘思想，亦未能成社會民族教化。近來佛教有逐漸衰落的趨勢，就因為不能隨中國民族之變遷而進步的緣故。

現在講佛法，應當觀察民族心理的特點在何處，世界人類的心理如何，把這兩種看清，才能夠把人心中所流行的活的佛教顯揚出來。現在世界人心注重人生問題，力求人類生活如何能夠得到很和平很優美。所應用的工具乃科學的；所實行的方法乃社會的、有組織的羣眾生活。換句話說，就是成功科學的、組織化的生活。現在中國民族所奉行的，是中山先生集合中國五千年文化的精華和世界上一切文化的特長的三民主義，要求佛學昌明於中國昌明於世界，應當在這個基礎上昌明佛學，建設佛學！引人到佛學光明之路，由人生發達到佛。小乘佛法，離開世界，否定人生，是不相宜的。大乘頓教，也有與現代思想不相合的地方。能與現在的中國民族世界人類最相宜的，以大乘漸教為最。大乘漸教以人類為基礎，進一步有一步的實證，就是大乘漸進之法，與科學化、組織化漸得完善之法相近。所以在此時顯揚佛法，應當提倡大乘漸教。

詳細一點說，就是佛學的第一步，在首先完成人格，好生地作一個人。一方面，衣食住等物質生活，要有相當的解決；一方面，也要有合於人類理性上的知識、道德上的行為，作成有人格之人，與古來所謂士君子相合，然後把所明白宇宙人生的原理拿出來實行。就是先作一個完完全全的人，安全物質的生活，增高知識的生活，完善道德的生活；再以此完成優美家庭、良善社會、和樂國家、安寧世界，到士希賢賢希聖的地步，成功人中聖人。完成了完善的人格，再發無上圓覺的大心，起普度眾生的大願，到聖希天的地位，就是在人生上求進化，絕非離世獨善的生活。像這樣高尚的進化，就是十信心菩薩地位，也就是達到人格優美高尚的地位，使世間受其教化，古來聖賢都如此。近是大乘佛法第一步所行；所以大乘佛法初步，是人間世一切所行的道德。第二步十住，也有十種經過階段。所有十信心完成的功能德用，結合成初發心住；此住成功，才真正走上進化的道路。到這時候，生命流不是隨風飄蕩的，不是輪迴流轉的。發起了盡未來際普度眾生悉皆成佛的決定心，所以須廣學世間一切學問才能等等。這是堅固的菩提心，從此有進無退。初發心住以上還有九住，從這條路一階段一階段進化上去。第三步是十行，從十住心更進一步而入十行地位。十住心由理觀上去用功，修行圓滿的時候，對於真理的理性已經能夠符合一致。有此基本能力，多作犧牲利他之事，修波羅密多行：第一是修布施行，又叫作歡喜行，以世間一切眾生之歡喜為歡喜，生命財產都以之布施，乃至犧牲一己去救人救世救國——這是財施。還有法施，以種種所發明的真理以及好方法，布施一切人。最後為免除眾生恐怖危險，濟人救世，叫作無畏施。這樣經過了十重階位，所修行也一步進一步。佛法所說的神通證驗，由此經過都實現出來。第四步是十向，向是回向的意思。從前十住偏於理，十行偏於事，到了十向事理就相一致（回事向理、回理向事到事理不二），這是第一重。其次，回眾生心向佛，回佛心向眾生，回自一切功德向他眾生，以一切眾生為自己

（回自向他，回他向自，自他不二），是第二重。

進化上所經過的階段，由人而信而住而行而向，已經走了三分之一，就是佛典上所謂初阿僧祇劫。更起加行，就是集中以前所修種種行再加功用之行。由加行到初地——歡喜地，此時已經到了見道的地位，體驗到宇宙人生無始終無方體離一切言說不可思議的實相（與思想上假思理想不同）。身心改變，為平常人思想上所不能有，程度愈高，力量愈大。心理力量漸高，生理物理都變化，現實世界隨心理改變，所謂宇宙唯心，萬有唯識，到此都能實現。在現實世界上所可見到的，唯蟲能知蟲之境界，只能隨天然生理生活，不能憑心理所造。高等動物生活，有心理力量。心理影響生理，生理影響物理；到禪定成功，身體變化、眼耳鼻舌不同，自然一切物質跟著變化，入火不熱，入水不沈。改造進步的結果，心的智慧光明充滿全宇宙，全宇宙無不洞徹。

從初地起，宇宙真相完全證明，但智慧還有可以充實之處。一重一重再進步，到第十法雲地，盡十方世界一切諸佛所說法，一剎那心中全能了知，到了菩薩最高地位，如觀音菩薩等，離佛甚近。十地圓滿，即到佛位。佛不是相對的，也不是單獨的，是不思議的。既不是一，也不是多；既不是異，也不是同。無論出現何種自體，而此自體都遍滿全宇宙，以全宇宙為佛，而佛之全宇宙，究竟安樂光明清淨完善。所以佛法是改造人類、改造全宇宙都成最善圓滿，實現佛之理想的辦法。此乃實事，須實行，便可以由人進化到佛。

效果——自由主義（即無障礙義）

自由主義，並非放縱自我，恣其妄為。無一佛而非遍滿全宇宙，即無障礙法界，亦名無礙法身。無障礙與無我理不相反，無我故無障，無障故自由。這是以全宇宙關係力量成此一物，能夠互相為主，互相為伴，就是主伴重重無盡不可思議的無障礙法界（平常思想是相對的分別的，就是非彼此互相對待而言的）。到此境界，即不可說不可說，非不說而極盡說之能事無所不說（但言說不過作進行上的指導方向，如以手指月）。學佛目的，就是成功無障礙法身。在此無障礙宇宙中，自他不二，圓融無礙，得大自由。

一、境智自由

境是被智慧所認識的一切事物。宇宙間一切事事物物的真相完全無礙，境無礙故顯於無礙智慧光明，智無礙故境亦無礙；無境外智、無智外境，境智一如無二相可得，而又了了然知一切境，一切境而為一切了知智所了。這就是無上正徧覺知，圓明了知宇宙諸法真相，不為空時所拘。平常的知識是相對的，是為空時所拘的；因生理心理關係不同，各以其心理境界為是，各有障礙。佛則完全無障礙。又菩薩見普遍真理不見差別，不見差別的緣故，智慧有區別有障礙；而佛的智慧是正徧覺知，就是平等普遍智慧——一切時、一切空、一切種類、同時無不周遍了知，能知智所知境圓融無礙。這個境智自由，佛典上叫作智德。

二、業果自由

業果，是以前業力為因所得的結果；業力，是以前的行為。以前的行為結合成現在生命，結果又為前世及現生的行為力量所束縛，受新陳代謝，生死輪迴。到阿羅漢位，還只有部分的自由，到佛才是大自由——去盡一切有漏不善業，無量劫無漏清淨業因圓滿，成就無障清淨之涅槃果。一切不好皆無，一切好的皆圓滿（圓寂），成就斷除一切不良業因所成涅槃功德。這個業果自由，佛典叫作斷德。

三、完全自由

完全自由是法身，就是無障礙法界本身，也就是宇宙全體。一切眾生在法身中生死，而法身在全世界一切眾生中完全自由。宇宙法身自他不二，能夠加被眾生，利益眾生。眾生於不知不覺間受佛感化，發佛智慧，解一切苦，得一切安樂——於眾生有大恩德，所以佛典上叫作恩德。

以上三種自由，就是三德佛果，是學佛者所希望達到的目的。

（懺華達蘊合記）

《海潮音》第九卷第九、十期，一九二八年十、十一月

人生佛教

人生佛學的說明

佛學之名義

對於宇宙萬有之真相（或法界諸法之實相），成功最究竟最圓滿之知覺者（或無上正徧覺者），謂之佛陀。由此先覺之佛陀，對於我們人類及其餘一切含生有情等類之後覺未知者，用言音形儀開發顯示其所覺知之「宇宙萬有真相」，並導令解悟修入而同得成佛之種種理法、行律，謂之佛學。

佛學之二大原則

佛學，由佛陀圓覺之真理與羣生各別之時機所構成，故佛學有二大原則：一曰契真理，二曰協時機。非契真理則失佛學之體，非協時機則失佛學之用。真理即佛陀所究竟圓滿覺知之「宇宙萬有真相」，時機乃一方域、一時代、一生類、一民族各別之心習或思想文化。必協時機而有佛陀之現身說法，故曰「佛陀以世界有情為依」；又曰「佛陀有依他心，無自依心」。

佛學之歷史遷變

現行今此地球人類間之佛學，乃發源於二千餘年前現身印度之釋迦牟尼佛者。當時印度民族之文化思想，則承襲或反動於婆羅門教之「各求個人解脫」之心習也。雖不無文殊、彌勒、維摩、善財等少數大乘之士，能領受探求佛陀圓覺之真理，而一般束於民族心習者，則格格不入。佛陀以之只能依外道之有我個人解脫，而易之以小乘之無我個人解脫，使真能得到個人之解脫（涅槃）。佛示寂後，雖文殊、彌勒等所聞大乘法，亦同結集傳持，而形成為教團以住持當時之佛教者，則為小乘眾。歷四五百年，以小乘諸部分裂，傳大乘思想者乃乘隙興起。佛教之歷五六百年，性、相代興；後至密宗盛行，始漸成大乘教團，而印度之佛教即衰亡矣。佛教之來中國，以先有軌範人生之儒教，與祭天、祀鬼、求神仙之道教。故承受發揮者雖在大乘思想，然以人生社會已為儒化所專有，故佛法應乎少數儒道之玄學者，則為禪宗與天台、賢首，遊方之外；應乎一般民眾之習俗者，則由淨土、密宗而流為專度亡靈及鬼神禍福之迷信。隨俗之習，而真正之佛法未能成中國之人羣化也。且反受中國宗法社會、家族制度之影響，而將原來六和僧眾之僧團，亦化成變態之家族制。觀此印、中佛史之沿革，可知大乘佛學在印度與中國，皆未嘗成立教團及成為民眾化矣。

現代之人世與中國

現代的人間之思想生活，雖各民族各有其特殊之處，然以世界交通之故，已成為普遍之世界文化者，則為三事：一，現實的人生化，二，證據的科學化，三，組織的羣眾化。今為中國民族之文化中心者，則為三民主義之文化。此三民主義文化，則縱承國族五千年文化之精華，而橫吸現代普遍世界之文化，經過選擇改革以構成者也；而尤以現代普遍的世界文化為要素。觀此，可知施設現代協契時機之佛學，當何從矣。

人生佛學之大旨

佛法雖普為一切有情類，而以適應現代之文化故，當以「人類」為中心而施設契時機之佛學；佛法雖無間生死存亡，而以適應現代之現實的人生化故；當以「求人類生存發達」為中心而施設契時機之佛學，是為人生佛學之第一義。佛法雖亦容無我的個人解脫之小乘佛學，今以適應現代人生之組織的羣眾化故，當以大悲大智普為羣眾之大乘法為中心而施設契時機之佛學，是為人生佛學之第二義。大乘佛法，雖為令一切有情普皆成佛之究竟圓滿法，然大乘法有圓漸、圓頓之別，今以適應重徵驗、重秩序、重證據之現代科學化故，當以圓漸的大乘法為中心而施設契時機之佛學，是為人生佛學之第三義。故「人生佛學」者，當暫置「天」、「鬼」

等於不論。且從「人生」求其完成以至於發達為超人生、超超人生，洗除一切近於「天教」、「鬼教」等迷信；依現代的人生化、羣眾化、科學化為基，於此基礎上建設趨向無上正徧覺之圓漸的大乘佛學。其道，當先從大乘經論研求得正確之圓解，發菩提心，學菩薩行。先修習大乘十信位菩薩之善根，獲得初步之證驗，完成人生，成為孔丘、王守仁一般之人聖，然後再漸趨入於十住、十行、十回向、四加行、十地等三無數劫之長劫修證，由超人、超超人以至於佛。而其建立，則當有專以修學及宣傳與辦理於佛學為職業之僧團，及普收全民眾之學會，使皆成為大乘的組織化與紀律化，滌除舊染，湛發新光。

附錄：崔參筆記[1]

此行由印赴歐，有兩目的：一以錫蘭、緬甸人士思發起「釋迦教會議」，而印度亦來緘邀請，故欲赴印發起此會議。一、「人生佛學」，為佛學上之一題，而此題所討論者，最為今世人士所要求，宜特別提倡；因思赴歐一行，藉察此部分佛學真理是否的確契機焉。

一、佛學之名義

「佛」，舊譯「佛圖」，從Buddha一字譯音，其義訓則為覺者；覺者猶言學者，謂有覺悟之人也。然此所謂覺，非尋常一部分的覺，乃普遍的、正確的覺也，謂之「正徧覺」。正徧覺者，其覺最遍、最正、最高、無上，故又稱「無上覺」。合言之，為「無上正徧覺」。佛典之「諸法實相」，即普通所謂「宇宙萬有真相」。佛學與通常科學、哲學不同：科學家以五官感覺為工具，根據其所得之經驗而歸納之，其所得結論為種種之學問，此種學問恆確而不遍，屬部分的。至哲學家，則以一種假設為根據而論宇宙事物，其結論為普遍的，然恆患不確。蓋確而徧，惟佛學為能；而又有超常之覺者，所謂「無上正徧覺」，彼於事事物物萬有之相，皆能體妙入微，人得此覺即為無上正徧覺者，即「佛圖」也。然萬有皆有真相，相亦皆有變遷，處處變遷、時時變遷，而在佛識大有之中，其變其住、其有其無、其實其虛，自佛察之皆是真相，此之察覺謂之「無上正徧覺」。夫一切學問必有對相，必承認此對相為真，而後結論可以成立。宇宙萬物無不有真相，惟微察之乃能認識，乃能無上徧覺，釋迦即能得此覺者也。然則佛學非科學之確定一物一事而不移，亦非其他哲學之超人生而恆不切實際者也。佛學以為一切真相，皆在尋常萬有之中、日用事物之內，故無上正徧覺非惟佛能得之，人皆能得之；非惟人能得之，一切有情生物盡能得之。人能覺悟宇宙萬有之真相，即能最高無上，即能成佛，此佛教之所以異於羣教者也。彼佛以其無上正徧覺覺乎宇宙萬有，談佛學者即從而導人將何以若是，將何以成佛？他教未有能令盡人為耶穌、為穆罕默德者，而佛學獨令盡人而佛之；以是成教。佛教者，老人以無上正徧覺，覺萬有真相者也。一部分之哲學、科學，據數理、論理，談宇宙之相，如天空無垠，地球造成無限億載，此固理可推斷而不可見聞。佛教於尋常萬有之內推論大理，自匹夫匹婦皆獲覺之。佛與人人同，與今世之人同，唯佛已得此覺悟，詳明其所以得覺之軌，令人循軌而皆得之，蓋可以驗諸行非徒載諸言而已也。故佛教有二部分：（一）佛以無上正徧覺覺察萬有真相；（二）佛更詳此所以察悟之法以教人：一則談理、一則實驗也。

二、佛學的兩大原則

佛教之目的，為導人以「無上正徧覺」覺「萬有真相」，即述釋迦已履之成法，非憑空撰作者也，又非釋迦以理想推論比照者也。若此教為釋迦個人的，則釋迦自己已成就而獲正果，正不必更設此種學問；其所以創立此教者，蓋欲覺夫世間欲覺而未覺之人。故佛教為佛之所以自覺與佛之所以覺人，由此兩方之關係以構成者。學問固必先經先覺之提倡，而其施教亦必顧及學之者之境地若何，其必易入而後易行，由是佛教之兩大原則生焉。原則為何？「合真理」、「契時機」是也。真理者，萬有之實相，而佛學之成立，在察茲相，故不可不相合。契時機者，今語所謂「合世界潮流，符羣眾心理」也。佛教目的在覺人，故被覺者之心理與環境，不可不注意也。抑徒合時機，則近投機事業；徒切真理不問世界潮流，則真理至高宜若登天，然欲令常人驟覺之不可也，故兼及之尤為急務。喻若造鐵道於京滬間，以數理言，令成直線最省最短，然計及交通，則必委曲轉折，彎無錫、貼常州、臨鎮江以達南京，站站令人止之，令人登之，終至南京而後已。佛教亦然，須委曲周折，貼受者心理，令隨程度之差而受教，隨其差而造就。至一站即得一站結果，站站落實；而抵達正徧之覺，乃為最後目的。其抵南京，登真理境也；其委曲周折委隨城鎮者，契時機也。求人人能成佛覺，故須契時機，而時機與世代地方殊異，故佛教有歷史之變遷。

三、佛教歷史的變遷

四、現代之人世與中國

交通阻塞之時，思想為國家的、民族的，交通既闢，思想互相流通、互相傳播，成世界化、普遍化。昔之宗教，皆以一理想之超人神物為教本，或以古帝王賢聖為標準而有所謂聖道王道者，今則降一切神聖於吾人之身，非超物之思想而為人本之思想。所謂人本主義者，言吾人生命之存在，就其生活上言之，即謂之神，即謂之聖。以人生為起點，以生存為準則，一切學術思想、社會行為因之成就也。生存無限進變，由中山先生所謂民生進以至人類生存，以至一切眾生之生存，至於超生存，至於妙微，皆以人生為起點：所以今世思想，曰「人生的」是也。又今世之人類生活觀，亦非昔比，今世為羣眾的、組織的而非個體的。從前，自己作自己之行為，發明自己之道理；今世之思想行為，則非擴大言之與社會會羣眾息息相關弗可，故曰今世之潮流為「羣眾的」是也。又今世之科學，皆取五官之感覺的可見可聞信而有徵者為根據，推論發明，步步研究累積而成，感覺之所不到者弗確，非經積累而成者不真，惟真確的、步驟的於是乎取，故今世之潮流，曰「科學的」是也。然則欲順今世之潮流而契時機以行教，則其必含「人生的」、「羣眾的」與「科學的」意味矣。故居今而欲契時機以行真理，造成現代之佛學者，則佛學中之人生的佛學最宜。

五、人生佛學之大旨

論人生的佛學，所以冀培養現代之人生，發展現代之人生，至於超人、至於微妙、至於無窮。夫佛本所覺悟眾生者也，動植萬有無不有生，然其精義可取歸之人；而能譚佛說、能聽佛說者唯人，故雖專為人說亦無不可也。按佛說，窮全人生之生存，故既及吾人之生存，亦及吾人之物故；而言佛者不能及自己個人之物故，則於大生存之中取吾個人有始有終之一段生活為發端，即以是推論全人之生存。故現代人生，可以推全人生存；人之生存，可以推之萬物生存。佛教以現代人生為起點，此合於今世之潮流者一也。發展人生至於正徧覺，至於超超人，為大乘之本而契時機必經之途。佛非為消滅人生而為發展人生，蓋為積極非消極者也。小乘欲解脫個人，大乘欲超渡眾生，故大乘為「羣眾的」，此合於今世之潮流者二也。佛教教人修行，最先達到完全之人格，然後發展至於超人，至於超超人，至於微妙，至於無窮境：故人而上有菩薩焉，有諸多菩薩焉而後成佛。夫以步驟的發展，合於科學之有次序性也。修行一步即成果一步，步步成績，顯著可觀，此合於科學之有真確性也。是人生的佛學，亦為「科學的」，此合於今世之潮流者三也。

故人生的佛學者，以現代人生為起點，以發展生存至於微妙，導人至於正覺為目的，為「人生的」、「羣眾的」而又「科學的」者也。今茲所言，特具梗概，詳其深造，實有賴於諸君！

《海潮音》第九卷第六期，一九二八年七月

1此記原題為〈人生的佛學〉，與大師講稿互有詳略，因附此以資參考。第三節〈佛教歷史的變遷〉，無甚出入因略之。

即人成佛之真現實論

墮世年復年，忽滿四十八，眾苦方沸騰，遍救懷明達，
仰止唯佛陀，完成在人格，人圓佛即成，是名真現實。

一

這八句是余前兩句的述懷，茲且引為本文發端。佛法之原則在於契理契機，理是諸佛諸聖、滿證分證諸法性相之理實，機是眾乘眾趣、已修未修眾生行果之機宜；不契理則失實而本喪，不契機則失宜而化滯，無佛法亦無僧及信徒矣。

諸佛證理平等而應機差別，其現身說法於諸清淨國土清淨時劫也，自成其唯菩薩聖眾，或三乘聖眾，或人天善眾之機教，固難概以揣量。而我本師釋迦牟尼佛應化於三界、六道之娑婆五濁惡世，則華嚴等亦既明示未獲直以內證理實施教矣。雖應別機所流別說，其旁及者罄無不

宜，而正轉之法輪，端在「修超欲界之梵行——戒定——，證出三界之涅槃」——定慧解脫。此因應受佛化之眾，善根深厚，機感殊勝，一唱善來，即成比丘，一悟法要，即成羅漢。而大乘菩提行果，則再依「出三界涅槃」為基址，大而化之，勝進而究竟之。此觀之法華所開顯者，固甚彰彰也。由其託基甚高——超欲界梵行及出三界涅槃，是以「欲界之天仙神鬼」及「人間之善信男女」，僅為外護與近事而已。佛寂後千年正法，猶秉持斯化。特初五百年後，馬鳴、龍樹、無著、世親等，漸開展大乘理論，及重視諸天藥叉神等，以為像法期事實之母耳。佛寂一千年後，入像法期，乃由龍智等興行密教，旨在修神仙咒術行，成欲界天色身——雙身從眄、笑、握、抱、合，即示欲界他化自在至忉利，由上而下之五天次第，以最下之合為無上瑜伽法，依所得天色身之等流果成就佛身，故特重即身成佛。設非菩提心、般若慧，則失其為成佛之方便，故尤以發大乘菩提心、修大乘般若慧為要義。換言之，亦即再依「天色身」為圓成大乘行果之基據也。此確為像法期佛教之主潮，然雖盛流於印度、藏、蒙，而漢族則格於原有之禮俗儒化，傳入而不受行。歷梁、陳、隋、唐而變通者，別成禪宗、淨土宗。淨土宗的悟心，上追梵行涅槃，其寄身於自耕自食的農林生活，則下啟末法期的人間佛教。淨土宗傳日本，再變為真宗，彌切合人間生活。而錫蘭、緬甸、暹羅等，傳初五百年佛教餘緒、薄周民眾後，亦成善信男女通俗教化。而像法期密教，印度滅於回教之侵入，西藏到元、明間變猥雜垂盡，宗喀巴救之以正法期戒律教理，憑特殊環境，幸運重興，然無以改善殺、盜、淫、妄民俗。今後既失帝王護持，則亦將由無民眾基礎而致隳墮，外蒙即其前車之鑒。由此種種，故正法期「超欲梵行」，及像法期「即欲咒術」，皆將退為旁流，而末法期佛教之主潮，必在密切人間生活，而導善信男女向上增上、即人成佛之人生佛教。錫蘭等地律風，雖有切近人生者，然側尚離欲出世，對人生資生物用及人羣治理救濟均尠積極的心行。西藏密宗對資生濟眾雖較有積極精神，然以習修欲界天身而迷信多神，甚違近代思想。日本真宗似為開末法人生佛教之最前進者，然託彌陀淨土安心，又何若直指人心見性成佛的唐代禪宗更切人性？惟亦嫌側重唯心，而絀於利物治生耳！然主唐代禪宗並輔錫蘭律行以安心立僧，主日本真宗並輔西藏密咒以經世濟生，庶可為末法期集起人生佛教之要素矣。故應易「直指人心見性成佛」為「直依人生增進成佛」或「發達人生進化成佛」，是名即人成佛的真現實論。

二

佛法無他謬巧，不過闡明正確的宇宙觀，以立為從基本進向究竟的人生觀耳；詳說在真現實論。但余於真現實論才成宗依論，其宗體論與宗用論蓋猶有待，然又嘗散出其義於大乘與兩般文化等書。茲錄摘民國十三年所作《人生觀的科學》第六、七章，以示一斑。[1]

上來第四章所明的，是人生究竟之佛乘法；第五章所明的，是人生初行之人乘佛法。孔子是人乘之至聖，即於人生初行已完成者，設非佛法亦進於天乘耳。然天乘以上有偏至，老莊等即有偏至者，不若人乘平正，可為佛乘始基。與佛乘僅異其淺深狹廣之量，不異其質，故予最取孔之學行。向來於佛法判為五乘：曰人乘，曰天乘，曰聲聞乘，曰獨覺乘，曰佛乘——或曰大乘、一乘、菩薩乘。人乘之上，隔著天乘、聲聞乘、獨覺乘之三階段，始臻佛乘。如何可由人乘直達佛乘？換言之，如何可由人即成為佛的因位之菩薩——菩薩、具云菩提薩埵，菩提是佛智，薩埵是迷情。即上求佛智下化迷情者，謂之菩薩。又菩提是覺悟，而薩埵是慈悲，自己覺悟而慈悲他人者，謂之菩薩。又菩提是妙道，而薩埵是勇猛，能於無上妙道勇猛精進修習者，謂之菩薩，非是所奉偶像或神之義——及進為菩薩的果位之佛，而中間可不經過天與聲聞及獨覺之三階位？此疑不除，吾此《人生觀的科學》即不成立，故須進為一分析之。

梁漱溟嘗謂：「似乎記得太虛和尚在《海潮音》一文中，要藉著『人天乘』的一句話為題目，替佛教擴張它的範圍到現世生活裡來。其實，這個改造是作不到的事，如果作到也必非復佛教。」我要發揮佛教原來直接佛乘的人乘法，以施行到現在人世的生活範圍裡來，可謂一語道著。然我發生此願望之動機，全不是替佛教擴張它的範圍，以此原為佛教範圍內事，用不著我來擴張它。然以現在的人世生活已困苦危亂之極，非將佛教原來直接佛乘的人乘法，發揮到現時的人世生活裡以救濟之，終為頭痛醫頭、腳痛醫腳，暫圖苟安，轉增煩苦之局。復以此佛教原來直接佛乘之人乘法，實為佛教適應人世最精要處，向來阻於印度外道及餘宗教玄學或國家之禮俗，未能發揮光大，昌明於世，至人世於佛法僅少數人稍獲其益，未能普得佛法之大利益。今幸一切為阻礙之物已皆在崩析搖離之際，而人世生活復有需此之急要，於是迫乎不獲已的大悲心，及闡揚吾所確見之真理的大智心，從事佛教原來直接佛乘之人乘法的宣傳。但六七年來，以對於此一疑點未為詳切說明，故從予修學者亦每不能同喻斯要。至於許多惡劣宗教團體若同善社等，我是向來極排斥的，對於此一態度，世人終該已明瞭我。而此等粗劣的同善社，也跟著佛教繁盛者，亦只因向來未將佛教原來直接佛乘的人乘法盡量發揮之故。於是，我更要來一作此難作的工作。

梁漱溟提出的兩大問題：一曰、其實這個改造是作不到的事，二曰、如果作到也必非復佛教。今可併為一言辭決：則說明人乘法原是佛教直接佛乘的主要基礎，即是佛乘習所成種性的修行信心位；故並非是改造的，且發揮出來正是佛教的真面目。此因釋迦出世的本懷，見於華嚴、法華，其始原欲為世人——凡夫——顯示一一人生等事實三真相——若華嚴等所明；俾由修行信心——若善財童子等——進趨人生究竟之佛乘。此即是將菩薩位擴張延長於人及超人與佛之三位：修行信心位的人生初行，是人的菩薩位，若孔、老、善財等；初無數劫位，是超人的菩薩位，若世親等；第二無數劫位以上，是「佛的菩薩」位，若普賢等。華嚴宗所主張之三生成佛說，即是經此三菩薩位，以第三「佛的菩薩」位謂之成佛。由「人的菩薩」位入「超人的菩薩」位及進至「佛的菩薩」位，所經歷的皆菩薩位，故更不須經歷天與聲聞、獨覺之三階段，而彼三階段已消融於「超人的菩薩位」矣。故彼三階段非由人至佛所必經的，乃由人不走徧覺的路所歧出之三種結果耳。無如僅有少數大心凡夫若善財童子等——善財童子參一個一個善知識所學的解脫門，即是從一個一個專門科學家所學一門一門的科學，但皆以先發信解三真相之菩提心為本耳——及積行大士若文殊、普賢等能領受其意。其餘，大多數科學幼稚、人情寡薄、若須達多等居士；習於印度外道心行，若舍利弗、目犍連等沙門，皆如聾如盲，不能同喻。為適應此印度的羣眾心理，即人天福報及道解脫之機感，乃不得已而示說人天乘福業不動業之報，及聲聞乘獨覺乘解脫之道。人乘有二：一，由專修福業以祈求人天殊勝之果報者，此類觀佛為神人、天人，而歸佛不異事奉梵天等神教，是科學幼稚之世人若須達多等者，可謂「天的人乘」。二，由了達一一人生等事實三真相，歸佛法僧、信業果報、修十善行、厭「取作」、捨「壞苦」以階進佛乘者，若善財童子等，可謂「佛的人乘」。前一類各地佛教皆極盛行，各政治家皆極利用，亦粗劣的宗教團體之所由盛，通俗所知之佛教多屬此。後一類則中國之少數禪師若百丈、永明等，及少數居士若龐蘊等，頗得其真。然居極少數人，而即為我今所要極力提倡的。天乘有二：一，由修人天十善福業而得超人之欲界殊勝天報，由人乘銜接而上者，或事奉天神而修勝福，若基督教等，或盡忠人事成為人倫之至的聖人若周、孔等，皆可超人而得欲界殊勝天報，可謂人的天乘，故賢希聖、聖希天也。二，由內心修養有特殊感驗之玄學家——若老、莊等；宗教家——若創教諸教主；及印度諸外道等，修色界、無色界之不動業，即天乘無出世慧相應而有貪癡等相應之禪定業，而以達到無想天、無所有處、非非想處等為究竟解脫常住者，可謂天的天乘。世間一部分人，視佛教為此類，而道教及同善社等之所由盛。前來所謂由特殊感驗而教化他人的宗教家，皆出乎此。其優秀者，則得四沙門果、辟支佛果之二乘解脫；其凡劣者，則得人天福報及不動業天報。向來在亞洲各地所流行及今日歐洲人所知之佛教，多屬此為適應印度的羣眾心理所宣說之人天乘及二乘之一部分，不知人生究竟之佛乘及大心凡夫直接佛乘之佛的人乘，亦無怪粱漱溟以不動業定果或二乘解脫為佛教真面目，絕不知釋迦之本懷及從本懷所流出的大乘佛法，遂以發揮直接佛乘的大乘人生初行施行到人的現世生活範圍裡，謂為改造，謂為作不到的改造，謂為如果作到也必非復佛教。殊不知以今日征服天然、發達自我之科學的人世，已打破向神求人天福報，及向未有以前求外道解脫之印度羣眾心理，正須施行從佛本懷所流出之佛的人乘，以謀征服天然後欲望熾盛，及發達自我後情志衝突之救濟，且正可施行此佛的人乘，俾現時科學的人世基之以進達人生究竟，以稱佛教本懷，以顯示佛教之真正面目。噫！佛教之本來真正面目明明若此，基本現時科學的人世生活以進達人生究竟之大路明明若此，有科學知識者可奮興矣！尚何徘徊躊躇於斷港曲徑歧路為？

對於世界文化，予別有專論，今只取大乘人生初行應如何攝用現時人世文化者，約略言之。可分為三方面說之：一，人心的生活方面、精神的方面；二，人羣的生活方面、社會的方面；三，人物的生活方面、自然的方面。

（一）人生的生活方面，其根本則在了達一一人生等事實三真相而歸向之，信業果報。依現時泚明的心理學為基本，反向心理的本身以調治之，從動機上修十善法，使成為調治過的心理德行。現時的心理學，雖尚未能盡茲職任，當細研究瑜伽師地論等勉力進行。從心理學說明倫理學的動機，用科學的理知調治直覺——即孔家之格物、致知、誠意、正心、克己復禮，以成天下歸仁——，此於用科學方法整理後之孔、顏、孟、荀學，及宋、明學完全適用。而於柏拉圖、笛卡兒、康德，及新唯心哲學，與老、莊等玄學，又印度數論等外道與吠檀陀等汎神教

——若泰戈爾的，及基督等一神教——若托爾斯泰的、倭鏗的、詹姆士的，則須據根本的三真相，用科學方法以批評抉擇之後，或破或收而選用。鬼神之教等，則當在排斥肅清之例。

（二）人羣的生活方面，其根本則在從自然零亂界忽漫之經驗中，所得到較有條理秩序的關係法——知天命即知自然的生化節度，亦即生物學的——，信業果報，修十善行。用現時的生物學、社會學、文史學、名數學歸本於克魯泡特金的無強權、無私產主義及基爾特等社會主義下——聖西門、馬克思的社會主義及巴枯寧的無政府主義，概無取——。而根本改變現時產生於達爾文競爭的進化下之戰國的富強主義——富即資本主義，強即霸權主義，及戰國的富強主義所產生之倫理學、法律學、經濟學、政治學、教育學、藝術學等；而成為克魯泡特金互助的進化下之和樂的無強權無私產主義——克魯泡特金互助之進化哲學，從天文學、物理學、生物學、心理學種種方面以說明互助進化之公例，予十年前嘗評為可通於重重無盡之法界緣起義——，及和樂的無強權無私產主義所產生之倫理學、法律學、經濟學、政治學、教育學、藝術學等——亦即吳稚暉所謂生小孩的神工鬼斧藝術，及招呼朋友的覆天載地仁愛。孔氏修身、齊家、治國、平天下之禮樂仁義，經古魯泡特金之科學洗練批判修整之後，亦即為得過雍容安嫻的人羣生活之道德。其餘基督等天神教、道教等鬼神教之教團生活，則當在排斥肅清之例。

於此，當知產生於達爾文競爭進化下之戰國的資本主義及霸權主義，乃是由動物進化為人的途徑，其利已屬過去，而其害方彌滿今後，猶無底止。蓋達爾文等窺見諸生物由發揮其自身營養及同類繁殖之私欲，而激烈競爭以得到進化之一方面，於是用科學所成就的理知為利器，以制御自然的人物，求滿其富的貪欲，遂成資本家與勞工的經濟階級之衝突恐慌戰爭；以制御自然的人物，求滿其強的貪慾，遂成霸權國與弱族的政治階級之衝突恐慌戰爭。於是一切勞工、弱族之牛馬奴隸的慘痛呻吟，鬱為戾氣，遍於寰宇！加之，富強與富強相競爭，以求其資本出產之消化及霸權統治之伸張，致成為歐洲之大戰。於是，人世不能一日安樂矣！故今世之大亂，其餘原因皆屬助滿之業；若基督教與工業發達及科學知識等；故科學知識於歐戰雖不負直接主要的責任，然為所利用以張其勢燄，亦負間接旁助的責任——而達爾文等以發揮營己繁類之貪慾，令激烈競爭以求進化，實為最高原因之引業力。故今後要求人羣安和福樂之生活，當根本的瞭解由動物進為人的達爾文「競爭進化」——此為與洪水猛獸爭生活之人羣所用，今在勞工、弱國地位之人羣亦尚堪一用，但在已富強之資本家、霸權國急應拋棄——，在今後之禍害而棄絕之，並了解由人養成人性的克魯泡特金互助進化，在今後之福利而採用之。對內心平欲和忿以養成仁義，對人羣開誠布讓以養成忠恕，由各資本家、霸權國先痛悔過而相諒解，不再起若歐洲之大戰爭——威爾遜等嘗屢圖國際和平而未成者，予嘗著文評前者為獨圖富強之戰國主義，若法家、兵家等全不要仁義道德者，道家一部分亦屬之；此為共維現狀之霸道主義，若齊桓、晉文等之號召仁義收享富強者，墨家及儒家一類屬之。後者則為契人羣生活本性之王道或人道主義。若周、孔、黃、老等仁義道德。王道契人眾生活之情性，故為人眾歸往之所由也。——同時，由富家強國漸解放對於勞工、弱族之壓抑箝制，使貧富強弱之階級漸平，次乃完成無強權而個個平權，無私產而人人共產之世界人羣的安樂生活。否則，國際的富強、家國之侵奪戰爭續開，而勞工弱族之階級戰爭繼起——俄國、德國是其前例；貧弱轉為富強，而富強又轉為貧弱——由巴枯寧、馬克思之主義必至如此，俄國是其前例；富強與富強之戰爭重開，貧弱與富強之戰爭迭起，往復相傾，循環不已。吾噍類之人眾，其受達爾文發揮私欲競爭之所賜，不進化為枯骨殭石無已日矣！何以如此？則因達爾文所倡發揮私慾競爭，乃較乖於一一人生等事實真相一方面之事，故準之以進行，必得苦惱的結果也。噫！當世富強家國的人羣，其亦念此而知慄慄危懼，根本的改用發揮仁恕互助，以進化為和樂的人羣生活乎？此誠人世安危之所繫，而人生苦樂之所判也。審之勉之！

（三）人物的生活方面，則在施用現時的天文學、地質學、數量學、物理學及礦、植、農、工等學，資養身命，羣給人足。修十善行，厭取捨苦，以享受臨到人間的福樂，而不去尋逐沒有到人間的意外之幸遇，則便能為江上清風，山間明月，觀玩之不盡，欣賞之不竭，大可打開華屋、美衣、豐食以招呼世界朋友來共同歡暢。否則，填欲壑等於夸父競日，守財產等於癡狗看門，徒為自苦，亦何樂乎！然此為已富強之歐、美、日本人說耳，而中華、印度及其餘貧弱民族，則未能引此以為例，當用翁特所云確實科學——見張君勱所引——以努力開發振作之，達到今日歐、美之物質生活程度也。

此有一事足以引發人類殘忍惡行者，「則地力有限，人滿為患」之說也。然此實為杞人之憂，蓋無論一一事物的真相，本為互徧無礙，實無窮盡，地力亦本無窮盡之可言。即依現時科學言之，宇宙亦非固定的而是在創造變化進程中的。信業果報，修十善行，則宇宙時進於高明、廣大、悠久、豐美、殊勝之境，初無有限、為患可慮，即孔子「財不患寡而患不均」之一語，亦堪解其惑矣。

更有一言須附論者，則梁漱溟「理智對於物質可完全制服」之說也。蓋物質的器界，雖不同它有情有各各他心力以相抗拒，較易制服，然器界的礦植是一一有情的共相種互變成的，是依以共資生活的，其底仍有一一有情的各各他心為變持緣慮的，豈容個人私欲施用理智以完全宰制哉？所以，憑私欲巧智以取積物產到過度時，儒家謂之有傷天和，即有兵匪災癘之禍，兵匪災癘亦器界所依的他有情心之反抗也。觀此，則知古人遇兵匪災癘而節用輕徭之意，寓有至理。況依一一事物真相之法界緣起義，一一事物無不橫徧豎窮，互攝互入，互融互含，雖一微塵芥子，亦當敬之如佛而不敢懷輕侮。此在有科學知識者，取證於愛因斯坦之相對論，克魯泡特金之互助論，當不以吾言為河漢。而在人生，當廣行善業以自濬其造變殊勝福報之來源，不當逞個人欲望以巧取有情共資之物，保為私有也。

上來所說之人生三方面生活改進以後，則舊時在帝王下、霸道下、戰國下所產生之典章文物，與多神教、一神教等儀物，皆只可充藝術家之欣賞，無堪適用。惟佛教的僧眾——出家五眾，塔像、儀制，當整理保存之，以為歸向一一人生等事實三真相之現事上的依託處，及為由人生初行引進人生究竟之一關鍵。而此一部分人——約千人中一人，亦可即是依人生初行，用瑜伽方法進向人生究竟者。予則當返之唐時百丈、龐蘊等生活，擇空荒的山野，由百數十同學，務農造林以贍粗衣糲食，建藏書樓、法堂以研佛學，各居一茅蓬以修習禪定，身命慧命皆取資於已夠，不分羣利，不負世責，此行略見於第一年第三期《海潮音》〈人工與佛化〉一文，詳待實行後再為表宣。大致除佛教僧眾外，其餘必得科學知識已充分者，始能引為同學，共修瑜伽數年，可出為世間之聖哲，流行十善，化育羣生。其科學未成者，則從佛教儀制僧眾，歸佛法僧，持行五戒——不殺生，不盜物，不妄語，不服用昏惰身心成惡嗜好之葷酒煙毒及奢侈品等，不婬亂非科學的禮義所許之男女人物。男女牉合之事，古今方俗，本無常準，隨後時科學研究進步之結果，認為當如何即如何，以養成良美之風俗。然以約定俗成為禮，而此禮義未經人眾別有新約定時，不能率臆侵犯，侵犯即為婬亂。但有新見到之正義，較良成俗之約定者，則可先發表宣傳其意義，俾羣俗咸知而成新約定，以此男女問題亦為今後之一大問題也——勉修十善，即為賢希聖位。又其次，則歸佛法僧同上，但持行前五戒中四三二一戒，勉具五戒，即為士希賢位。又其次，則但導之以歸佛法僧，加以多量教化，俾能漸修戒善。然根本之要義，則務由教育令了達此人生之究竟及人生之初行的科學也。至其餘之各工其業、各遂其生，皆是無礙緣起，所謂道並行而不悖，萬物並育而不相害。

然此所云人生者，應該包括三方面，人生觀的科學說為：一，人心的生活方面——精神的方面；二，人羣的生活方面——社會的方面；三，人物的生活方面——自然的方面。而在自由史觀之第五章，則分說為世界教育、社會經濟、國際政治之三節，大抵：一，經濟以資人羣的生存；二，政治以保人羣的安善；三，教育以求人羣的進化。此雖集重人群，亦以經濟攝物的生活，而教育攝心的生活。因此中的廣義教育，包括教化或文化，與經濟及政治對立為人生三要素。由教化中最高教化即通到佛乘，即為人的佛乘，或即人成佛的人佛乘。換言之，即從人生的進化，走上大乘菩提行果也。

三

直依人生發達成佛的人生佛教，余十餘年前，嘗欲闢一山以實驗之，顧以福緣欠缺，荏苒蹉跎以迄今，則色身衰朽而力不從心矣，然不妨仍表示其輪廓於此，以待大心有福者之實驗。

開闢一農林為本生活自給之山，召集正信三寶慕行六度之高中畢業或相等程度的青年八十人，受沙彌儀，施以沙彌到比丘的訓練二年；此二年分四學期訓練，約為每日從事農林工作四時——忙時或六時，暇時或二時，平均約四時，講授研究約四時，禪誦修持約四時，八時睡眠，四時飲食或遊息等。從寤寐行止一切皆成為僧團化、律儀化的公開共同生活。衣食住行完全公給，嚴持沙彌比丘的錢鈔不經手戒，但由嘗試而決求辭退者，每學期終可給修業證離山，二年滿可給律儀院畢業證離山。離山者或為僧，或還俗，皆可聽自決，而還俗即可為入工、農、商、學、軍、政各界之佛教信徒。假定二年中八十人有五十人至六十人離山，則仍有二十或三十人留山深研教理，過完全的比丘僧團公共生活，如是四年可授教理院學士位，滿一年二年三年者分別給修業證。假定有十人至二十人離山，仍有二十人或十人留山續修者，如是三年滿給研究院博士，未滿三年離山給修業證同上。假定仍有十人或五人住山深修者，如是三年滿給開士證，至是四共十二年修學滿，必須發菩提心受菩薩戒，或住山任職，或出山行化，應依菩薩戒而不復拘比丘律儀也。諸離山者或住僧，或還俗，皆聽自決同上，惟始終住僧四十年上者，得應供本山長老院及被舉為山長，惟山長一人得尊稱大師。如是全山沙彌僧——假定二年招八十人、比丘僧、菩薩僧、長老僧，雖常不過二三百人，而四級修業或畢業之散布人間者，十數年後將四五百人，而逐年遞加可至數千萬人而不止。其住僧的出家菩薩，可隨緣改良各處僧寺，其還俗之在家菩薩，可深入各種社會，以為本佛教精神施佛教教化之社會改良家。換言之，菩薩即社會改良家之別名，人生佛教之正體保持於菩薩長老僧，而人生佛教之大用則寄託於社會改良家也。

四

吾意如是之佛教，乃可為今後世界人類適行之佛教，亦為釋迦牟尼佛末法萬年之佛教主潮——真確考來，去年才滿佛誕二千五百年，則依佛滅後推算，尚在末法之開始期也。而中國二千年來的文化主潮在儒化，故尤不得不行此人生佛教，亦最適宜行此人生佛教為各國倡。茲錄民國十三年章太炎先生至吾的一信結束此文：

太虛上人侍者：昨日快聆清論，所發明起信大義，洞若觀火，拜服拜服！更論人乘大乘的關係，尤有益於世教。昔人云：俗昧遠理，僧滯近教。宋明理學諸師，所以不肯直趣佛法者，只以其道玄遠，學之者多遺民義，故為此調停補苴之術，然苟識其情，厲行六度，亦與儒術相依，惟有漏無漏為異；若撥棄人乘之義，非獨不益世法，亦於六度有虧矣。大抵六度本自平等，十善乃其細者。在家出家，皆不能離十善。東聖西聖，亦並依於六度。以此倡說——按：予於《人生觀的科學》則既倡說之矣，自然殊塗同歸，未知上人以為有當否？此頌禪悅。章炳麟和南。

二七、二、八，在重慶。

《海潮音》第十九卷第三期，一九三八年三月

1見原書，今略。

菩薩行與自述

從巴利語系佛教說到今菩薩行

我剛從南方的緬、印、錫等佛教國訪問歸來，故現在我就從這次訪問所得的觀感上說起：

從史的觀點否定南傳北傳的名稱

佛教近年，在西洋人的研究和日本人的承流接響中，有所謂南傳佛教和北傳佛教的分別。前者是小乘教的傳承，後者是大乘教的傳承。這種名稱和說法，並非古來所有，而是近代的佛教史家所創造。現在我覺得有加以糾正的必要，姑從印度地理、歷史、風尚種種的觀點上，來指出其錯誤：

一、阿育王的傳播佛教是向四方發展的

考釋迦佛教是生於中印度。到了阿育王時代，才普遍傳播於整個的五印度。同時並向印度以南的錫蘭及南洋羣島，東鄰的緬、滇，北方的新疆，西方的波斯，西北的阿富汗。並輾轉由

亞西以及歐東，也曾有佛教傳入。東北的中國，則如秦始皇時曾有室利防等來華傳法之說。四方平均的發展，傳播到全亞的海陸。但後來因各方環境的種種關係，波斯、阿富汗、新疆、爪哇乃至印度本土等處之佛教趨於消滅。而阿育王後的印度和傳布中國、西藏等地的佛教，發生種種沿革改變，另成別種的風尚宗派，使阿育王原傳的佛教發生變化。唯有錫、緬等地能夠保持阿育王時代傳去的佛教而生存發展，所以到現在還保守著上座部佛教的原狀。故從歷史上看來，阿育王時代的佛教，是向東西南北同樣的發展傳播，並非局限於南傳錫蘭，這是無所容疑的。故南傳小乘，北傳大乘的名稱錯誤，是不用說的了。

二、北傳的有小乘而南傳的也有大乘

復次，北印度的迦濕彌羅國——現在的喀什米爾，是小乘薩婆多部——一切有部——的大本營，它是小乘最發達的地方，從歷史的記載和地理上的位置看來，北傳佛教——北印度或印度以北所流傳之佛法——也有小乘，是可斷言。

空宗的龍樹菩薩雖然是中印度人，而他的繼承者——提婆菩薩，卻是南印度的，所以空宗比較盛行南印度。大乘密宗的咒典，據說就是龍樹菩薩在南印度的鐵塔中開發出來。禪宗在中國，也有「南天竺一乘宗」之稱；而達磨初祖是從南印度出發，航海到廣州，經金陵而轉去嵩山少林寺面壁。中國翻譯密典最多的不空三藏，曾有一個時期住錫蘭數年，研究大乘顯密的教義。密宗在南洋羣島曾有過相當的勢力。唐以後因回教的侵入，佛教因之滅亡，遂成為回教的教區。爪哇、婆羅洲等處，現在尚多佛教的古蹟，該項古蹟大約是中國晚唐前後，南印度密宗盛行傳播至此的遺物。故從這種種關係上說來，南方——南印度及南洋佛教——不獨單是傳的小乘教，且曾傳有大乘空教、禪宗、密宗。尤其中國如法顯、義淨等久住錫蘭，來自南印度南洋的高僧，更是多不勝計。所以中國的佛教，從南方來的絕不減於北方所傳。

我們既從史的觀察，把南北二傳的佛教打量了一遍，知道所謂南傳佛教是小乘，北傳佛教是大乘，這種的稱謂是不確當的。不過在阿育王時代所傳的佛教到錫、緬後，能繼續保存著原狀，其餘各地方或改變了，或滅亡了；或因在時間上非為阿育王時代所傳去，故另成小、大、顯、密複雜的佛教。所以，這於流傳的時間上或有關係，絕對不是地理上之有南傳北傳。

巴利語系佛教確立之推測

錫蘭位於印度的南方，緬甸、暹羅位於印度的東南方，這南方的佛教是為巴利語三藏的佛教。這在他們自己稱是上座部的佛教。也就是迦葉、阿難傳下的正統派佛教。

一、巴利語三藏編集者及其文體的遞嬗

巴利語的原來文體久已失傳；現在流傳的巴利語三藏，是將巴利語用錫蘭字母拼成的，所以應該稱為「巴利語三藏」。這種巴利語三藏的編定者，是和我國法顯法師同時的覺音尊者。

他是印度人，法顯法師在錫蘭留學，尊者同時也在該處弘法。他編定巴利語三藏，造有清淨道論，對巴利語三藏都加以詳細的解釋，以成立其組織之體系。後來奉此論為研究巴利語佛教必讀的要典。

巴利語三藏經律論的內容和分量，重要的除多了一部《清淨道論》外，其他的部分大致與我國所有的《四阿含經》、《四分律》、《六足論》等相同。巴利語三藏，以前用錫蘭文寫成，後來也用緬甸或暹羅文寫的。現在已有英文寫成的，不過還是以錫蘭文的為本。

二、巴利語是印度大眾化通俗化的語言

巴利語是印度大眾化通俗化的語言。梵文如我國的文言文，巴利文等於我國的語體文。而佛陀當時運用巴利語向羣眾說教，不外是用印度最通用的語言，使高深的佛理，個個都可以聽得懂；迦葉、阿難的結集以至阿育王時大德們的傳教都用巴利語，也不外此。所此我們現在利用語體文作宣傳的工具，不失為契機的一種方便。近六十年，印度已有人注意到全國語文統一的問題，波羅奈有一個全國語言統一學會，他們很想把興都語成為國語。據說：興都語與巴利語頗為相近，而巴利語與梵語亦相去不遠。為了適應時代的需求，我們知道巴利語在印、錫、緬等地是何等重要。

三、梵語巴利語為印錫等地各種語文的主源

印度的語言文字雖然很多，但大都是梵語、巴利語的支流，所以可代表印度語。就是錫、緬、暹及西藏、尼泊爾、中國邊境擺夷的語言文字，也都是從梵語、巴利語演變而成。故可稱梵語巴利語為由遠東流布近東多種語言文字的主源。故在近東如緬、暹、藏等地的文化，可名之為印度語系的文化；而在錫、緬、暹等地的佛教，也可稱之謂巴利語系的佛教。

四、南方佛教由複雜轉變為單純的推測

在錫蘭的佛教徒，他們只承認阿育王傳去，而由覺音尊者所編集單純的巴利語三藏佛教。而事實上現在錫、緬、暹除了巴利語三藏佛教外，也是沒有其他佛教的傳留。但我們根據歷史的觀察，錫蘭和南洋的佛教，確是曾經一度有大乘顯、密、空、禪諸宗的傳行，並不是如現在這麼單純的小乘三藏。至於錫蘭及南洋為什麼會從小、大、顯、密分流的佛教，南印度及南洋變為消滅，錫蘭變為現在的純小乘呢？這個問題，尚難在歷史上得到確據的說明，我們只能從推測得之：在錫蘭的佛教，大概曾經一個時期，由於有力的國王，因篤信覺音尊者編定的巴利語三藏，故決定巴利語三藏為佛教的正統。他種小乘派及大乘顯、密、空、有等宗派，概加以抑制或排斥，所以便成為現在極單純的巴利語系的小乘三藏。錫蘭經此有力者弘揚而確定後，緬甸也受影響，隨而確定。暹羅因建國較遲，故佛教之傳亦隨錫、緬而入，也同是傳承覺音尊

者的巴利語系佛教。

五、印越等地也有巴利文佛教

現在巴利語系的佛教，極明顯的傳播地點是錫、緬、暹三地；可是亦旁兼傳布於印度、越南等地。很多人以為印度現在已經沒有佛教，縱然有也不外是由錫、緬佛教士的反哺。我這次親自到印度，受過加爾各答的孟加拉省佛教會的開會歡迎，才發現這是一種錯誤；原來孟加拉省與緬甸毗連的山岳地帶，佛教很盛行（該省一般的宗教信仰，回教佔第一位、佛教第二、印度教第三、基督教第四）。近已依巴利語把經律二藏譯成孟加拉語，論藏尚未譯成。其所傳的佛教，完全和緬甸相同。孟加拉之能夠把佛教保全，大概因與緬境比鄰，或因僻居山區，古時印度教、回教的勢力不能深入以摧滅佛教的關係。

其他如雲南邊界的擺夷，也傳巴利語的佛教。越南在法國統治下的五國聯邦，南中北三圻為中文系的佛教；而高棉、老撾二國的佛教，也是屬於巴利語系。由是我們可以知道巴利語系佛教的教區了。現在可定稱巴利語系佛教，梵語系佛教，梵巴合流華文系佛教。並把這三系佛教的教區布列如下：

- 巴利語系佛教——錫蘭
  - 緬甸——孟加拉
  - 暹羅
    - 高棉
    - 老撾
- 梵語系佛教——西藏
  - 尼泊爾
  - 康青甘寧及晉冀遼吉
  - 蒙古
- 梵巴合流華文系佛教——中國
  - 朝鮮
  - 日本
  - 安南

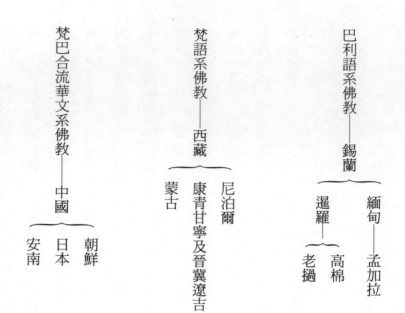

錫緬暹佛教的近況

一、緬暹民眾以作僧為榮的風氣

現在錫、緬、暹佛教的狀況如何？我想都是大家願意知道的！緬甸和暹羅，不特以佛教為國教，同時以佛教為全國唯一的文化。歷代帝王皆篤信佛教，都以興建寺院，供養僧寶為榮，所以養成了為僧是榮的風氣。一般人民，都很願意送他們的子弟去出家，縱然不出家，也要送入寺院受佛教的教育。所以日常生活習慣的軌則，個人的道德行為，都以佛教為依歸。一切的一切都離不了佛教，正如中國人從前稍能讀書的子弟拜過孔夫子一般。而能夠出家的，有如考中了秀才，入了學一樣。他們之所以樂意送子弟去作「和尚」，也許就是基於「揚名聲，顯父尊」的觀念吧！聽說緬、暹有不為僧無人嫁的風俗，出家為僧在緬、暹的狂熱，由此可以想見了。不過他們出家的時間，並不限定是終身的，出家後數月或數年，都可以如法捨戒還俗。

錫蘭雖然同是以佛教為國教，為民族文化，對於出家也很重視，但不像緬、暹那麼普遍，而沒有提倡捨戒還俗的風尚。因為他們認為出家是極高尚的，如果一旦還了俗就得被人輕視了。這是錫蘭的人民不濫於出家和不輕易於還俗的關係。故一般知識的水準，比緬、暹較為提高。

二、緬暹人民對僧教已漸疏遠的近因

近來緬、暹的佛教有著很大的變化，和伏著很大的危機。緬甸是英國的殖民地，暹羅也和我國一樣受了歐美文明的影響。他們貴族派遣弟子去西洋留學，以適應現代的需求，而取得高尚的地位。所以脫離了僧寺的關係，另設學校的教育，這類學校所養成的青年，每對佛教信念發生了搖動。由於這種原因，少年多數已漸漸和佛教疏遠，不像從前那麼尊重的熱烈。從這點看來，緬、暹佛教，如無相當適應時代性環境性的革興辦法，和有大人物出來支持，則前途實在極為危險！

三、六十年前的錫蘭佛教也是和現在中國佛教一樣的衰敗

錫蘭和暹、緬的佛教，從來就有其不同點，現在更有很多差別的地方。大家都知道，近百年來，殖民地之多，海岸線據點之廣，要首推英國了。但是海上的霸王，英國以前有荷蘭，荷蘭以前有西班牙，西班牙以前則有葡萄牙。現在葡人轄下的澳門，就是中國明末的外人居留地，所以葡萄牙在海外的勢力是最早發展的。在我國明末的時候，錫蘭曾受葡萄牙的侵佔，佛教大受其破壞，僧眾逃散各方，至今尚遺有葡人毀佛的痕跡。葡人退出錫蘭後，僧眾為傳持戒統到緬、暹求法受戒，以傳回被毀的佛教歸國。現在錫蘭僧遂分成了緬甸派和暹羅派——這是

戒派，不是法派。

英人統治錫蘭後，佛教亦受到極大打擊。天主教既隨葡人來錫於前，復有基督教跟著英人侵入於後，錫蘭佛教受這外教的重重壓迫之下，遂失去領導文化教育的高尚地位。當時那種衰敗的情況，實不亞於清末民初中國佛教的現狀。

四、錫蘭的佛教從黑暗中走上光明之路

黑暗的反面就是光明！我們能夠從黑暗中掙扎出來，就可走上了光明之路。近五六十年來的錫蘭，因為產生了幾位道高德重的大德，和有力的護法居士，黑暗衰頹的佛教，已走上光明復興之路了。他們抓著了錫蘭佛教衰敗的癥點，竭力提倡適應現代化的佛教，興辦僧眾教育，灌輸僧眾一般的常識，以作國際宣傳和學校教師的方便。這種朝氣蓬勃的現象，我對於錫蘭的佛教前途，覺有無窮的希望！

在錫蘭，已有幾所巴利文系的佛教學院。最大的是達磨波羅與一高僧所創辦的；另一所是現今錫蘭首相與一高僧辦的。另有一佛教通神學會——初為一美國佛徒所辦——極力倡辦教育，在它主持下的學校，每校自幼稚園到高等專門，從百人至數千人，已有三四百所。校名都富有佛教的含義，如名法王學校、阿難陀學校等。校中除所授普通學科外，並灌輸佛教一般的常識，訓練日常的佛教信仰儀則，以期提高人民對佛教的信仰。佛教青年會則注力於改進鄉村

建設；摩訶菩提會提倡慈善事業及工業——如醫院、紡織廠等——及廣設國際宣傳機關。巴利文系的佛教教育已遍布於錫蘭。在哥倫布我曾見過兩所各有七八百名學生的學校，並且還有幾個中國的學僧，以錫蘭的人口和面積說來，可以說是稀有難得了！

因為錫蘭佛教的細胞布滿了社會各個階層，大有上自首長，下至庶民，無不「信受奉行」之概。現在的內閣總理，即為佛教青年會的會長；衛生部長，即為佛教通神學會的會長。所以對於社會事業，都居於領導的聯合地位。摩訶菩提會，於對外則注重國際宣傳，於國內則提高人民文化的水準，興辦社會慈善事業，改良農村經濟生產。這一切的一切，都適應著現代社會需求。故官民對僧人恭敬，對佛教普遍信仰。

從錫蘭僧眾的淨高化，佛教的大眾化、利他化的趨勢去觀察，我覺得錫蘭的佛學前途比緬、暹較為穩妥。這因為已能夠與現代社會需要打成一片的關係。緬、暹如果還是「滯在舊制度」保守不前，不肯學習錫蘭佛教改進的方法，那麼，不久的將來，大有走上衰滅之路的可能性。

行上判別的小乘大乘

一、中國是大乘教理小乘行的佛教

把錫、緬、暹等地佛教的近狀大略地說過了。在這兒，使我起了一點感想：我們平常說中國、西藏和日本流行的是大乘佛教，錫、緬、暹等地流行的是小乘佛教，這單是在教理上的判別。而在大小乘的實踐實行上，卻使我得到相反的認識。日本和西藏的佛教，都有它適應當地環境需要的發展，我們暫且不去談它，且就中國佛教來談吧。

中國佛教所說的是大乘理論，但卻不能把它實踐起來，不能把大乘的精神表現在行為上。我國的佛徒——包括出家在家的四眾——都是偏向於自修自了，大乘的經論，雖有很多人在提倡和弘揚，但所提倡所弘揚的也不外是自修自了的法門。這種說大乘教，行小乘行的現象，在中國是普遍存在。如出家眾的參禪念佛者，固然為的自修自了，即在家的信眾也是偏重自修自了的傾向。他們都以為學了佛就不要做人，什麼事都心存消極不願意幹，更有很多人以為學佛作「了此殘生」的尾閭。他們都說把國家社會家庭一切的俗務都捨下，才可以入佛修行。這種不正確的思想，已經深印在每個國民的心坎中。這種錯覺是復興佛教的障礙物，是歪曲了大乘佛教的真義。所以我們可以說：中國所說的雖是大乘教，但所修的卻是小乘行。

二、錫蘭是小乘教理大乘行的佛教

錫蘭、緬甸、暹羅同是傳的小乘教理。而他們都能化民成俗，使人民學三皈五戒、人天善法，舉國信行，佛教成為人民的宗教。但可惜緬甸和暹羅的佛教，還是依賴於帝王提倡維護的遺制；或歷來崇佛的風尚習慣有以致之。如果日久沒有了外護的力量，其自身失去了支的撐的憑藉，或將趨於衰敗之途。所以緬、暹佛教還有它的缺點存在，我們亦暫置不談，現在姑就錫蘭的佛教來說。

錫蘭的佛教四眾弟子——七眾中他們沒有沙彌尼、式叉摩那尼、比丘尼，故僅比丘、沙彌、優婆塞、優婆夷四眾——對內則深研教理，篤行戒律；不特緬、暹等地的教徒欲求深造者要到錫蘭留學，就是世界各國研究巴利語系佛教的學者，亦無不蒞臨這佛國研討。對外則廣作社會慈善、文化、教育宣傳等事業，以利益國家社會乃至世界人羣，表現佛教慈悲博愛的精神。所以他們所說雖是小乘教，但所修的卻是大乘行。

緬甸和暹羅的小乘佛教，單是供奉釋迦世尊的塑像。在錫蘭除了供有釋尊外，並都供有菩提薩埵筏——彌勒菩薩聖像，這也可為他們接近大乘行的暗示和表現。他們並有多處僧俗教徒領袖，曾表示願意學習中國大乘理論。

三、行的大小乘比教的大小乘為重要

從行的方面說，大乘行不外乎六度、四攝。六度的第一度，四攝的第一攝，同是布施。六度是自他兼利，四攝則專為利他。兼利利他就是大乘菩薩行。錫蘭佛教所盛行所表現的，無非是兼利利他的佛教——如僧眾律儀嚴淨，聞思精進，通神學會等團體的濟世工作，正是合符大乘行的條件。所以我認為說錫蘭的佛教是小乘極為不當，錫蘭應該是小乘教大乘行的佛教；和中國大乘教小乘行的佛教適得其反。同時，我還以為大小乘的分野，不應單在教理上著眼，從實際的行為表現上來分別，尤為重要。

復興中國佛教應實踐今菩薩行

一、我們要實踐大乘教來幹今菩薩行

從錫、緬等地的佛教，回顧到中國的佛教，我認為中國佛教衰敗的原因固然很多，而最大的病源則為空談大乘，不重實行，行為與教理完全脫離關係。所以革興中國佛教，要洗除教徒好尚空談的習慣，使理論浸入實驗的民眾化。以現社會實在情形和需要來說，今後我國的佛教徒，要從大乘佛教的理論上，向國家民族、世界人類實際地去體驗修學。這大乘理論的實踐行動，即所謂「菩薩行」。而這菩薩行要能夠適應今時今地今人的實際需要，故也可名為「今菩薩行」。以簡別向來只唱高調、名不副實的「菩薩行」。

今菩薩行的實行者，要養成高尚的道德和品格，精博優良的佛學和科學知識，參加社會各部門的工作——如出家眾可參加文化界、教育、慈善界等工作，在家眾則政治界、軍事界、實業界、金融界、勞動界……都去參加——使國家社會民眾都得佛教徒之益。佛教的細胞散布於社會每個階層，全不和國家社會民眾疏遠分隔。

二、佛教不能與廣大的民眾疏遠

佛教之與民眾，如樹木之與土地。樹木藉著土地支持滋養，才可以生長繁榮，佛教賴著民眾的信仰，才可以存在興盛。如果佛教失了廣大羣眾的信仰，就如樹木失了土地的憑藉一樣不能生長。所以我們多作救世利人的事業，使佛教在社會每個角落裡都起了作用，方不致與民眾疏遠，令他們因此對佛教生起信仰心和擁護心。例如以一地的僧寺為教化的中心，改善人民的生活風俗習慣，提高民眾一般的教育，增加農村的生產，協助工業的發達，興辦救濟貧病的醫院、教養院等慈善事業。一地如是，各地佛教亦復如是，則佛教復興庶乎在望！

三、修今菩薩行復興中國佛教

在中國佛教界，早就流行了在家菩薩、出家菩薩的稱呼。如稱新戒為新戒菩薩，受戒較久的為老菩薩。可是這些都是只尚空談有名無實的菩薩，不足為我們修習今菩薩行的圭臬。我們應要以集體分工來學觀世音菩薩，為修今菩薩行的模範。誰都知道觀世音菩薩是普門大士，又是施無畏者。他為適應一切眾生的需求，於一體中而現三十二應，所謂應以將軍、宰官身得度者，即現將軍、宰官身而為說法……應以比丘、優婆塞得度者，即現比丘、優婆塞而為說法。乃至應以童男、童女身得度者，即現童男、童女身而為說法。他這種利生的善巧方法，是我們修今菩薩行所必要模仿的。我們以修今菩薩行的集團為主體，每個或每組實踐今菩薩行的分子為應化身，去適應今時今地今人的一切需要。明顯地說：我們每個單位分身的今菩薩行者集體聯合起來，本著大乘菩的菩薩提心為主因，大慈悲為根本，實踐方便為門的萬行，發揮救世無畏的精神；以集團的一體而現分工的三十二應今菩薩行。

總之，我們想復興中國的佛教，樹立現代的中國佛教，就得實現整興僧寺、服務人羣的今菩薩行！

（唯賢、演培、達居合記）

《海潮音》第二十一卷第七期，一九四〇年七月

志行自述

比年來藉國中學佛士夫之力，余於佛教所期興革之事，直接間接，舉辦不一。然余志行之所在，將奉之以盡此一報身而為長劫修菩薩道之資糧者，恐尚有未喻。茲值《海潮音》第五年發刊之始，特為拈出，供海眾之論究焉。昔仲尼志在春秋，行在考經；余則「志在整興佛教僧（住持僧）會（正信會），行在瑜伽菩薩戒本」，斯志斯行，余蓋決定於民國四年之冬，而迄今持之弗渝者也。試分述於下：云志在整興佛教僧會者，除散見各條議之外，關住持僧之項，大備於〈整理《僧伽制度論》〉。而此論於佛教正信會之項，亦略曾兼舉及之，茲表錄概要於下，其詳則尋之原論可也。[1]

甲　教所表

一　縣區列表

二　道區列表

三　省區列表

四 國舊部區列表
乙 教團表
丙 教所與教團關係表
丁 中國本部住持僧表
一 族類支配表
二 處所支配表

云行在瑜伽菩薩戒本者，佛法攝於教理行果，其要唯在於行；以信教解理，功在能策令起行，如信解而不行，則教理胥等於無用。果、則行滿之所成就，不行，或行而未滿，果不能成，果之既成，則任運更無所為。故有力且必要者，唯在行也。行無數量，攝之為十度，又攝之為三學；嚴核之，則唯在乎 戒學而已矣。何者為戒？惡止善作曰戒。夫惡無不止，則雜染無不離矣；善無不作，則清淨無不成矣。雜染無不離，清淨無不成，非如來之無上菩提耶？而戒獨能達之，故曰唯在乎戒也。彼定與慧，則戒之輔成者耳，非真是與戒鼎立而三者。故定者，令有凝固之力而止而作者也；慧者，令有決斷之力而止而作者也；非戒之止之作，則雖有定慧之力，猶不得其用焉。

知法在行，知行在戒，而戒又必以菩薩戒為歸。以菩薩之戒三聚：一，攝律儀，重在止惡，多與聲聞共；二，攝善法，在集自善，少與聲聞共；三，饒益有情，專以捨己利他為事，乃與聲聞不共。菩薩之入俗，佛陀之應世，皆以能捨己利他耳；故饒益有情之戒聚，實為菩薩之點。梵網、瓔珞諸本，戒相之詳略有殊，其高者或非初心堪任，而復偏於攝律儀、攝善法之共戒。舊譯之彌勒戒本，亦猶有訛略；唯奘譯《瑜伽師地論》百卷中所錄出之菩薩戒本，乃真為菩薩繁興二利、廣修萬行之大標準——此瑜伽菩薩戒本近亦有單行者。余集慈氏三要合刊：一、瑜伽真實品以明境，二、瑜伽菩薩戒本以軌行，三、彌勒上生經以期果——，而一一事分別應作不應作，又初心菩薩之切於日行者也。竊冀吾儕初行菩薩，皆熟讀深思其義，躬踐而厲行焉！故曰行在瑜伽菩薩戒本。

今略舉此戒本中殊勝精神所在之數條為證，亦可以知其概矣。

一者，梵網等十重戒，第一不殺生至第六不說四眾過，皆攝律儀之共戒，而菩薩戒本，則唯取其不共之後四為四重戒，名四他勝處法：一、貪名利而自讚毀他戒，二、慳財法而不行捨施戒，三、結忿怨而損惱他人戒，四、著邪見而謗真樂似戒，則唯大乘不共之戒。云他勝處，即波羅夷，以菩薩安住菩薩之淨戒律儀為自勝處，犯此四法，則捨菩薩所安住之自勝處，而墮於非菩薩之他——天、人、魔、梵、聲聞——勝處，為非菩薩之他法所制勝，故即喪失菩薩之身命也。

二者，即前四他勝處，亦於上品纏犯，乃失菩薩淨戒。即失菩薩淨戒，於現法中亦堪更受，此亦全不同聲聞律儀者。

三者，其惡作所攝中，若第一不禮拜供養，第二不尊敬耆德，乃至於諸有情所應作事不為助伴等，皆積極令作善而非止惡。

四者，若第三、第四、不受信施；第五不為說法；第六捨暴惡有情不為教化；第七應與聲聞共學將護他之禁戒；第八不應與聲聞共學少事少業少希望住戒，而當如法多事多業多希望求行；第九乃至十六，於殺盜淫身三及妄語等口四之性罪少分現行，兼及廢黜暴惡之增上位——帝王宰官——等，則湯武弔伐，周孔刑政，乃至今之政治階級等革命，其至當合情理處，亦無不包括在中矣。二十之不自雪謗及去招謗之故，二十一之應打罵者不打罵，以至不安慰他人之愁惱等，皆純乎饒益有情之行，而以不如是行為犯戒者也。

必能踐行此菩薩戒，乃足以整興佛教之僧會。必整興佛教之僧會，此菩薩戒之精神乃實現。吾之志行如是，如有同志同行者，則何樂如之！

《海潮音》第五卷第一期，一九二五年

1 教所四表見〈整理《僧加制度論》〉〈制度品第三〉，今不附。

本人在佛法中之意趣

首都各界此次發起請本人講經，原未定何種經典。其決定講此優婆塞戒經者，乃出於本人之選擇，而選講此經，有關本人在佛法中之意趣，故特提出說明之。

非研究佛書之學者

有人見本人有許多著述，以為是於佛學有專門研究之學者。其實從事考稽佛學書籍而研究其義理，以造成一專門之學者，亦殊非易易！所以用字比句櫛、勾古證今之工夫，將佛書當學問來研究者，並世雖不乏其人，而本人則讀書每觀大略，不事記誦，不求甚解，但資為自修化他之具。故在吾之志願趣向上，不在成為學者；其所有著作，亦皆為振興佛教弘濟人羣之方便耳。

不為專承一宗徒裔

在佛法中，自古即有開承一宗者，如中國之天台、賢首等，而宗又分派，則如禪宗之臨濟、曹洞、溈仰等。此皆是古德以自悟之心得及教化上適應時機而建立。最早在印度有小乘十八派，或二十派之別，嗣後大乘復興，遂有大小乘對立，大乘復分法性、法相之空有兩宗，繼之又有真言宗興起，故宗派對峙，不獨在中國為然也。至中國性、相、律、密各宗，為承傳印度之宗派；台、賢、禪、淨等宗，則為創立之宗派。日本承中國，復有日蓮宗、淨土真宗等之開創。各宗至今皆有專承之人，系統甚嚴，而各自弘揚其本宗之教義。至本人在佛法中之意趣，以為由佛之無上徧正覺所證明之法界性相，為度眾生應機設教，則法有多門，故法本一味而方便門則無量無邊。佛法本旨既是如此，所以一切菩薩古德所開承之宗派，無非在方便妙用上顯其區別，究竟均是趣向於無上大覺海中者。由此，本人於佛法中不為專承一宗而弘傳之人。佛之現身人間，應機說法，而聽法承傳之人，當即不免各有偏勝。故佛所說法，由迦葉、阿難承傳之，則成初期小乘；由龍樹、馬鳴、無著、天親傳弘之，則成中期大乘；由龍智、善無畏、蓮華生傳承之，則成後期密法。印度佛法，因之即分為三期。至佛滅千二百餘年後，佛法在印度，即由衰弱而銷聲匿跡，而轉盛行於異地。印度初期佛法，可以傳入於錫蘭、暹羅、緬甸等地之巴利文系見之，以錫蘭為代表；第二期佛法，可以由梵文譯傳為中國之漢文系見之，再傳入於高麗、日本等地，以中國為代表；第三期佛法，可以傳入西藏而密法為中心系見之，西藏再傳於蒙古、尼泊爾等地，以西藏為代表。此為印度三期分流三系之佛教，流行二千餘年之大概。其於諸法性相一味平等之各宗派法門，本可隨人根機所宜而修學，藉以通達究竟覺海，則能修之人與所修之法本無高下。所以本人觀察佛法之五乘共法，三乘共法，及大乘不共法，原為一貫，在教理解釋上，教法弘揚上，隨宜施設，不專承一宗以自拘礙。

無求即時成佛之貪心

佛法，原不拘限以現身此世為立足點，乃普為法界一切眾生而發心。蓋以佛法觀察，一人與一切眾生互相關涉，而一世界與無量世界亦相攝相入，如帝網之重重無盡。因此，佛法不是為此一人生與此一世界而起，即此一生、一世亦當體無始無終無邊無中；所以發心、修行，應不為空間時間所限，宜普遍平等，超出一切時空而涉入一切時空。於佛法如此理解信行，即能自悟悟他，精進無息，再無拘招定要即此身成佛。蓋成佛亦不過自悟悟他而已！菩薩行滿，佛陀果成；但勤耕耘，自能收穫，何藉刻期企求？若有拘求，心量自狹，將不免為虛榮心所驅使，為滿足此虛榮心而去著相貪求，則反增煩悶，難得自在！佛法為接引一類好誇大之眾生，亦曾施設立地成佛、即身成佛等假名，而本人則不因此假名而引起希求即身成佛之貪心。

為學菩薩發心修行者

前三從消極的反面說，此則從積極的正面言之。本人係以凡夫之人，得聞解佛法信受奉行者。認為五乘共法、三乘共法及大乘不共法，均一貫可達到究竟圓滿之覺海；凡從貫通五乘、三乘之大乘教法，發菩提心，修菩薩行者，即是菩薩。願以凡夫之身學菩薩發心修行，即是本人意趣之所在。蓋真發菩提心已，歷十信而登初住，由此經十住、十行、十回向、修菩薩行，則為集福智資糧之菩薩。今人每多稍具信行，便爾心高氣傲，不知尚未做到發菩提心之少分。照起信論講，入初發心住以前，尚須十千大劫修習六度行，乃成真正初發心菩薩；然後再經三大無數劫，方能成就無上徧正覺。故本人為一欲學菩薩發真正菩提心而學修六度行者。此經正是教凡夫人學發菩提心、學修菩薩行者，故深合本人之意趣。

《正信週刊》第九卷第十五期，一九三六年十月十六日

我的宗教經驗

我初出家，雖然有很多複雜的因緣，而最主要的還是仙佛不分，想得神通而出家。所以受戒、讀經、參禪，都是想得神通。當出家的最初一年，是在這樣莫名其妙的追求中。第一年已經讀熟了《法華經》，每日可背誦五六部。第二年夏天聽講《法華經》，始知佛與仙及天神不同。曾住禪堂參禪，要得開悟的心很切，一方讀《楞嚴經》，一方看《語錄》及《高僧傳》。第三年又聽講了《楞嚴經》，對於天台教觀已有大體的了解。並旁研及賢首五教儀、相宗八要等。而參究話頭的悶葫蘆，仍掛在心上。

秋天去住藏經閣看藏經，那時喜歡看《憨山集》、《紫柏集》，及其他古德詩文集與經論等。如此經過了幾個月，同看藏經的有一位老首座告訴我：「看藏經不可東翻西找，要從頭依次的看到尾。」當時我因找不到閱藏頭路，就依他的話，從《大藏經》最前的《大般若經》看起。

看了個把月，身心漸漸的安定了。四百卷的《大般若》尚未看完，有一日，看到「一切法不可得，乃至有一法過於涅槃者，亦不可得」！身心世界忽然的頓空，但並沒有失去知覺。在這一剎那空覺中，沒有我和萬物的世界對待。一轉瞬間明見世界萬物都在無邊的大空覺中，而都是沒有實體的影子一般。這種境界，經過一兩點鐘。起座後仍覺到身心非常的輕快、恬適。在二三十天的中間，都是如此。

《大般若》閱後改看《華嚴經》，覺得華藏剎海，宛然是自心境界，莫不空靈活潑；從前所參的禪話，所記的教理，都融化無痕了。我從前的記憶力很強，只要用心看一遍就能背誦。但從此後變成理解力強而沒有記性了。

我原沒好好的讀過書，但從那一回以後，我每天寫出的非詩非歌的文字很多。口舌筆墨的辯才，均達到了非常的敏銳鋒利。同看經的有後作金山方丈的靜觀和尚等，他們疑我得了憨山大師所說一般的禪病，但我自心中實很安定。

我現在想起來，當時如從這種定慧心繼續下去，三乘的聖果是可以成就的。可惜當時就改了途徑，因為遇到了一位華山法師，他那時就在杭州辦僧學校，暫來藏經閣休息。大家說起我的神慧，他與我談到科學的天文、地理，與物理、化學等常識；並攜示《天演論》、康有為《大同書》、譚嗣同《仁學》、《章太炎文集》、梁啟超《飲冰室》等書要我看。我起初不信，因為我讀過的書，只是中國古來的經史詩文與佛教經籍。當時與他辯論了十幾天，積數十萬言。後來覺他頗有道理，對於譚嗣同的《仁學》，尤極為欽佩。由此轉變生起了以佛法救世救人救國救民的悲願心。

當時，以為就可憑自所得的佛法，再充實些新知識，便能救世。

次年乃從八指頭陀辦僧教育會；冬天又同去參加鎮江所開的江蘇僧教育會；繼又參加楊仁山居士預備復興印度佛教的祇園精舍。

自此以後，就沒有依了以前的禪定去修，這樣從光緒三十四年，一直到民國三年。歐戰爆發，對於西洋的學說及自己以佛法救世的力量發生懷疑，覺到如此的荒棄光陰下去，甚不值得，遂到普陀山去閉關。

閉關二三月後，有一次晚上靜坐，在心漸靜時，聞到前寺的打鐘聲，好像心念完全被打斷了，冥然罔覺，沒有知識，一直到第二天早鐘時，才生起覺心。最初，只覺到光明音聲遍滿虛空，虛空、光明、聲音渾然一片；沒有物我內外。嗣即生起分別心，而漸次恢復了平凡心境。自此，我對於起信、楞嚴的意義，像是自己所見到的，所以我當時就開始著成了《楞嚴攝論》。

經過這次後，繼續看經，著書，坐禪。這一年中專看法相唯識書。當時其他的經論雖亦參看，但很注意看《唯識述記》。述記中釋「假智詮不得自相」一段，反覆看了好多次，有一次又入了定心現觀。這與前兩次不同，見到因緣生法一一有很深的條理，秩然絲毫不亂。這一種心境，以後每一靜心觀察，就能再現。

從此於思想文字等都有改變，從前是空靈活潑的，以後則轉入條理深細堅密的一途；在此時所寫出的文章不同，亦看得出。

上述經過定境三次，都因後來事緣紛集的時間太多，致不能有長時的深造成就。

自從經過第一次後，我的記憶力便沒有以前好，但理解力很深。那年頭髮已變白，眼已近視，但後來頭髮轉青了，眼睛到現在未變。經過第二次後，起信、楞嚴的由覺而不覺的緣起相，得了證明。第三次現觀唯識的因果法相。古人所謂不昧因果，實在一一皆有條理、秩然不紊亂的因果。

經過這三次的定境，每一次心理生理都有改變，並曾偶然有過天眼、天耳、他心通的徵兆；六通可能，則建基天眼、宿命通上的業果流轉相續亦決可信。因為悲願心太重，未能向禪定去繼續深進。所以沒有次第，可為別人修證的依止。

這裡是佛說《金剛般若經》的舍衛國，我所以把自己的定心境界，從前沒有對人講過的，也同佛與須菩提談家常一般，因昨晚高文大的請說禪定，專向自家人談一點。

（葦舫記）

附記：覺音作「習禪心要」，正信作「大師之自證境界」，今改題。

《覺音》第二十二期，一九四一年三月

世苑與《海潮音》

世界佛學苑漢藏教理院緣起

漢藏民族血統文化之親密，自唐以來已然。而最重要之關係，則繫於佛教之崇奉。藏族全部為出家喇嘛與在家信徒，而漢族亦四分之三皆信佛，且西藏佛教之興，基於唐文成公主之入藏，故藏文有一部分經典係由漢文譯成，此可知佛教與漢藏民族文化之深切矣。四五百年來漢族之佛教日益衰，而藏族佛教則以宗喀巴之振頽復興，光化滿蒙，迄今猶保隆盛，故重昌漢族佛教之有資於藏佛教，殆為現時所必需。況乎藏佛教久為藏、蒙、滿民族文化，與夫藏族之奠居西藏，遍布於康、青、寧諸省，實為構成大中華民族而建立大中華民國之柱石哉！夫佛教與漢、藏民族文化之密切既如彼，而漢、藏佛教與中華國族建成重要又如此，烏可不溝通闡發之耶？

但人情每蔽近而忽遠，故鮮注意於此。惟四川鄰接康、藏、青、寧，川人往康、藏、青、寧與藏族相習者固多，而康、藏、青、寧之藏人出入於川省者尤夥。因此，對於藏族文化之關係於佛教者，知之較詳，而去年重慶劉甫澄督辦有派僧遊學康藏之事也。太虛曩赴歐美，嘗有設世界佛學苑之創議。而關於漢、藏佛教教理研究院須亟籌設。去秋以川省緇素邀請作巴蜀遊，聞劉督辦之舉而壯之，謂與其派往遊學，不如就川省設學院，聘請漢、藏講師，招漢、藏青年研習之。潘仲三、潘昌猷、何北衡、王旭東、王曉西諸公韙其議，申請於劉督辦，遂籌定院址，指劃經費而有本院之成立。

然從佛學以言，猶有偉大之意義存焉。當此古今中外熔冶一爐之時代，非創造世界性之新文化，不能總承過去而普發未來。然足為創造世界性新文化之因素者，則佛學尚矣。溯佛學之源流，發於印度，歷千五百年而斬。每五百年之間，改易一風會：初五百年之傳，可徵之錫蘭；次五百年之傳，可徵之漢土；而後五百年之傳，則必徵之西藏。要之，非於錫、華、藏所傳為綜合之研究，則不能集過往佛教之大成，即無以展將來佛教之全化。此漢藏教理院所以為世界佛學苑之一院，而有關於佛教之弘布寰球者綦重也！今者將於釋尊之正覺生日，舉行開學，因撮敘顛末，昭告十方，尚祈緇素耆德加以指正焉！民國二十年十二月，釋太虛謹撰。

《海潮音》第十三卷第一期，一九三二年一月

漢藏教理院訓條

訓教務處：本院學風，須實現於整齊嚴肅之各規則中，務須督同教員、學監隨時訓導學眾切實遵照而行。其最能遵行者，按月記功，加入成績。其誤犯者，記過訓改。故犯屢犯者，罰革不貸，以重公宜。

訓事務處：本院之買辦、巡山、佃工，亦須每日訓教以初小佛學課，起其佛學信心，恭敬和順。在外尤不可與佃客及地方人妄生惡感，或荒棄職務。其餘各廚茶雜役，除隨時訓導克盡其職務之外，並教以信佛及禮貌為要。

訓教務主任：滿智應領導教職員及學生等，對於余之佛學言行，作一番深刻的、系統的研究，因默察尚缺明澈。

訓事務主任：超一應領導全院員生：戒浮囂，戒急躁，須沈靜安詳，須忍耐溫和。

訓全體教職員及學生：本院員生全體：一、不得攻訐各人過去之私惡；二、不得分結各個小組之私黨，三、須有相勉相助之公德，四、須成全院平等和合之公團。

訓員生全體：本院員生全體：戒奢華，戒驕逸，須儉樸，須謙恭。

訓學眾：注意有規則之運動，注意能生產之勞作。

漢藏教理院開學紀念特刊，一九三一年十二月講

世界佛學苑之佛法系統觀

武昌佛學院，自去年改組為世界佛學苑圖書館，成之兩種研究室。因我不久要到下江去，所以將世界佛學苑之佛法系統略微講明，以見圖書館亦即此中的一部分。但這次不能詳說，不過把全部的佛法，列在世界佛學苑系統中，作一種簡要的敘述。今年第三期《海潮音》中，有一篇〈佛教的教史教法和今後的建設〉，是我去年在廈門講的，比今日所講的寬廣些，可以作這次講演的參考。世界佛學苑的工作，即對於佛法提綱挈領的分為「教」、「理」、「行」、「果」四部分，從這四部分去作適當的工夫。

遺教之整治

教法即是遺教。我們研究佛學，而釋迦牟尼佛已涅槃，我們從何研究起呢？即依據釋迦佛所遺留下的教法而研究。此教法雖不全部是從釋迦佛的現身說法而有，然皆本佛陀遺教而發展。遺教的流傳至今，已有二千餘年的歷史，先曾普遍亞洲，而現在已普及全世界。佛法既經過很多的時代和環境的變遷，我們如要得到真正的教法，須有一番整頓治理的工夫，方可為全人類所共遵共信。由此，須將世界各地的佛教，所有種種制度，寺院、佛像、經書等等，都能搜集整治到精確完美，以為人類研究佛教的共遵共信基礎。故世苑有法物館、圖書館之施設焉。

一、法物館

凡關於佛教中的制度，寺、殿、塔、像、衣、鉢、雕刻、繪畫等等，此皆屬於法物。又可分為二系：（一）美術系：此為法物之能表現佛教的莊嚴偉大，而使人們生起欣觀美感而恭敬信仰的，此即佛教中之美術。近來歐美美術界甚為重視，而於亞洲的美術中，尤佔一重要的位置！（二）史料系：此為法物之可作為研究佛教史所根據之材料的，如研究某一時代的塔幢等物，即可探知某一時代的佛教及社會情形。以上種種的關係，故有法物館的施設。

二、圖書館

即經書圖表等，此即為現在這裡所研究的。亦有兩系：（一）考校系：以經書有原本不同，或譯本不同，或版本同異，或成之以後發展變化，以及假託偽造等等的屏雜。凡有疑異之處，須細加考校，所謂「有疑則考，有異則校」。沒有經過考校流行的經書，或來歷不清、或後人偽託，如《開元釋教錄》等，皆載有有疑偽的經書，故須經過一番考校工夫，乃有真確可依據的研究的教典。（二）編譯系：編即編輯，已經過考校之後，須進而編輯，如《大藏經》或某種叢書等。譯即翻譯，如各國有的佛教經書或為我國沒有的，而我國有的亦或為別國沒有。如錫蘭巴利文藏中猶有我國所無的小乘經論；而我國的大乘經論，則又為彼所無。華文、藏文，亦互有無；且歐美各國所無的更多，此皆須翻譯，而後佛教才能普及。要有真確的經典，須經考校的決定；要有共同的教法，須經編譯的溝通；然後可有共遵共信的佛教，宏揚到全世界，以成為通行全世界之世界的佛教。

學理之研究

理，即依教以研究其所詮之理；即依教史和教法為根據，而究其所詮表之理，此如學理之研究。但學理研究，在中國向來或泛覽經典而沒有系統，或從古來大德一宗一派為次第；今既為依據世界教史教法的佛學研究，則自與向來不同。佛法在印度大約流傳了一千六七百年，已有七八百年完全沒有佛法。然此流傳印度的千數百年佛法，可分三個五百年來說：

一、錫蘭文系學院

釋迦遺教在印度第一個五百年所流傳的學理，今可從巴利文系的教典以研究之，此以錫蘭為中心。由錫蘭而傳布緬甸、暹羅及南洋羣島，世人稱為原始的佛教。大約於佛滅一二百年，阿育王的時候，即用當時記載的巴利文，而輸入錫蘭、緬甸；而錫蘭的文字，亦即仿巴利文造成。然巴利文為印度通俗文之一種，而印度之典雅文則為梵文。至中國的經典所翻譯，則通於巴利文、梵文兩種。且梵文與巴利文亦無多大之區別，如巴利文云「達磨」，梵文云「達爾摩」。

二、中國文系學院

第二五百年，即佛滅後六百年，馬鳴、龍樹、無著、世親等興世，宏揚大乘佛法，此為大乘佛法昌明的時代。但小乘亦依舊與大乘同時流行。此期佛教即流入中國之佛教，復由中國傳入朝鮮、日本等處。故印度第二五百年之佛學，即可以華日文為中心而研究之。現今廈門的閩南佛學院，即為此系學理的研究。

三、西藏文系學院

西藏是中國的一部分，但語言、文字、風俗、習慣等等，皆與中國本部迥異，而佛學亦另成一系，此是印度第三五百年之佛法。西藏在唐時有一部分佛教從中國輸入，而印度第三五百年之梵文佛學，皆直接傳入西藏；且西藏之文字，亦由仿梵文造成。今尼泊爾——印度後期之佛典多保存尼泊爾——蒙古及中國之西北、東北等處之佛法，皆可以西藏文為中心以研究之。且佛出生之迦毗羅國與尼泊爾最為密邇，近今所發現之梵文經典多出其處。此即由錫蘭文、中國文、西藏文而為三系之佛學研究。

四、歐美文系學院

歐美各國的佛法才數十年耳。初從錫蘭文流入，第二時期次從西藏文的輸入，最近由日本及中國亦將中國文佛學傳布。但西洋原自錫蘭等地佛法輸入，後即用西洋的研究學問方法，與西洋的科學、哲學、宗教做比較研究，亦可另成為新的歐美佛學。然此系之所要，乃在用歐美之文字，把以上三系的佛法宏傳到歐美各國及全世界。

道行之修習

佛法不同哲學單是理論和概念，其所有的理論和概念，乃是佛陀悟他的方便；故究竟佛法是要從實際行證到的。根據佛教教理而隨機方便的行門雖然無量，而歸納之不出律密禪淨四種：

一、律儀林

律即軌律，此即行為標準的倫理道德。但與普通的道德殊異者，佛教的律儀，不但為人生軌範，乃是可為一切眾生由持戒清淨而達到出世三乘賢聖之菩提果的。故戒一方為定慧的基礎，一方即為直達究竟彼岸的勝行。

二、禪觀林

即是修習禪定止觀的行，始於凡聖共通的四禪、八定，以及三乘的五停心、別相念、總相念、八背捨、十遍處等。大乘的法空觀、唯識觀、華嚴法界觀、天台圓頓觀，乃至直指人心見性成佛的祖師禪等，皆攝於此。此正為達到菩提道的定慧行。

三、密咒林

密咒，即真言宗——密宗。近來有人講到佛教，即分顯教密教；此是密宗發達以後所有的偏見，源出於日本空海所作的顯密二教論。其實大乘佛法一味平等，並不是這樣。如西藏阿底峽、宗喀巴等菩提道次第，分為下中上士。上士依以發菩提心趣菩提果之教理，無二無別，平等一昧。不過在修行的大乘行門上，有波羅密門與陀羅尼門之分。陀羅尼門，即此所謂密咒行的真言宗或密宗。故密宗不是教理上有區別，僅行門上的隨機不同罷了！日本的密宗，是從中國傳去的，有東密、台密。東密兩部大法的組織，所謂胎藏界、金剛界。胎藏界是善無畏組織而成的；傳說密宗出於南天鐵塔的傳授，亦出於善無畏之說。金剛界是金剛智組織成的。至不空三藏，始兼而傳之惠果、空海。然中國傳密宗的下限於善無畏、金剛智，故密宗猶有一部名蘇悉地大法。而西藏之佛法則又大大不同，此在西藏佛學原論頗說得清楚。將來，須綜合華文、藏文所得，更徵之印度原文，方可成為世界佛學之密咒行。

四、淨土林

律禪皆是依自力的行法，密咒與淨土雖同是依他力的行法而又有不同。通常一說到淨土，即以為是念彌陀佛、生西方極樂世界的法門，不知此僅是淨土法的一種；淨土有十方淨土，如東方有藥師琉璃淨土，上方有香積淨土，本界有彌勒兜率淨土。但往生他佛淨土，亦即證自心修證到之淨土，故是易行道。

效果之成就

教法是研究所根據的，理是所研究了解的，行是依研究了解之理而修習的；故修行之後，即有證果。證果的階段甚多，今且以四種來包括：

一、信果

學佛最先決的條件，即是發起真實的信心。但此信心並非泛泛的信仰，而是從研究教理，或實習修行後所得成的真誠確信。謂信三寶、四諦、業果報等，真實不虛。若此信心成就，即成為佛的七眾弟子之一。此七眾弟子，皆首須皈依三寶，即信心成就的表現。信心成就仍可言持戒修禪定等，所謂「信為道源功德母」，故信果成就始為真正之佛弟子。

二、戒果

戒，即佛學中的五戒、八關齋戒、十戒、二百五十戒、菩薩戒等，此即律儀清淨所得之果。若信心真切到要實行所信的法，則自然要受戒得到戒體，進而成就為真能持戒的戒果。但在家眾，於信果成就，即可為佛之弟子；而出家眾則不但信果成就，必須律戒精嚴無犯，由持戒清淨而得戒果，方能住持佛教，宏揚佛法，為真正之僧寶。

三、定果

此即為修禪觀所得之果。若定果成就，即入三乘賢位。賢，即小乘中五停心、別相念、總相念，及四加行之七賢；大乘中十住、十行、十回向的三賢。以成就定果即能暫伏煩惱，如修初禪成就，即能伏令欲界煩惱不行也。

四、智果

此智果即依上信戒定果增上所成就。在三乘共般若與大乘不共般若，皆是修所成慧所引發之真實智，以能斷除一切煩惱而成為三乘聖果；成究竟之聖果——即成佛。故有信果未必有戒果；而有戒果者必有信果，否則戒非佛戒。有信戒果，未必有定果；有定果則必有信戒果，否則定非佛定。乃至有信戒定果，未必有慧果；有慧果，必有信戒定果。故此智果，即佛法中證生空法空之智慧，而非普通一般人所說之智慧也。若未有信戒定果相應之慧，但是狂慧。若定無戒信，但是味禪，執之則成為邪定。若戒無信，但是人天善行，執之則成外道戒。要之，無信果則不成為佛之弟子，故根本最要的在得成信果。

世界佛學苑之佛法系統觀，即由教理行果確樹修學佛法的體系。與境行果的三法亦相合，謂佛理即境，律儀等行即行，信等果即果。故由教理明瞭，而信心確切成就，始能成為在家之佛弟子；而其餘行果則可隨力隨分修證。至於出家眾，則須於教理有能確切的了解，並能真實的持戒修行，成就信果戒果方可。若單是多聞智慧，而不持戒清淨，或雖能持戒清淨而不能多聞智慧，那是做一個凡夫僧尚且不足，而況為聖賢之僧乎！故欲成真正之僧寶，住持佛法，須由解理持律，而做到信戒成就，為真正之福田僧也。

本館研究員在研究中修學，須解到行到，然後乃可教化眾生，自他俱達到賢聖之果。要把佛法真實的建立起來，自度度他，最低限度需信果戒果成就，故世界佛學苑之佛法系統觀中，應於此作特別努力的修習。

（葦舫記）

《海潮音》第十四卷第十一期，一九三三年十一月

我新近理想中之佛學院完全組織

佛學院小學部——八個小學

一、得分設他省。

二、六年十二期，每期三百二十名，共三千八百四十名。

三、年滿六歲——未滿六歲及過七歲者不收——之驅烏及願捨出家或無父母者，得供給衣食住。其餘走讀。

四、學課全同普通小學，但修身用佛學，管理主訓練。

五、畢業時為授三皈，得信士位。優者轉升中學，劣者補習二年，介紹學農工商，但須守三皈，及每年以收入百分之五報酬本院。

佛學院中學部——三個中學

一、得分設他省。

二、六年十二期，每期一百八十名，共二千一百六十名。
三、由本院小學升入，完全共給衣食住。
四、學課全同普通中學，但修身用佛學，管理主訓練。而後三年漸加多佛學。
五、畢業時為授五戒，得淨士位。願出家者升入學戒部。願成家者得轉升他種大學，或學習農工商等業，但須守三皈、五戒，及每年以收入十分之三報酬本院。

佛學院學戒部

一、就近叢林改設。
二、二年四期，每期一百二十名，共四百八十名。
三、由本院中學升入，完全供給衣食住。
四、學課：進學時學沙彌戒，專注重學律、持戒、威儀、唱誦，及預備梵文、英文等。
五、畢業時受比丘戒，菩薩戒，得學士位，可升入大學，或委充小學教員及其他職務及往各寺院住。

佛學院大學部

一、通常大學

（一）在本院。
（二）四年八期，每期八十名，共六百四十名。
（三）由學戒部升入，完全供給衣食住。
（四）學課：通常佛學及中外文字與生理心理等各科學。
（五）畢業時得修士位。可升入專宗大學，或委充中學教員與其他職務。並往各寺院住。

二、專宗大學

（一）在本院。
（二）二年四期，每期六十名，分般若（三論、少室、天台）、瑜伽（唯識、南山、華嚴）、真言（顯教真言、淨土）三宗，共二百四十名。
（三）由通常大學升入，完全供給衣食住。
（四）學課：專宗教理之研窮，與行果之修證。
（五）畢業時得開士位。可升入研究部，或任通常大學教員及各職務與國內外布教師。

佛學院研究部

一、在本院。
二、四年，約共六十名。

三、由通常大學升入——（若其餘大學畢業生可旁聽）——完全供給衣食住。
四、學課：加學未學之專宗，及努力行解之相應。
五、畢業時得大士位，可為佛教中一切教職。

上來五部，共學生七千九百四十名。然除缺數連教職工役等約一萬人。本院現為研究部，計已用去開辦費三年約五萬元。今後可分期進行：第一期，維持本院研究部之現狀，須先得基金六萬元，分地開設八個小學，須得開辦費四萬及基金三十萬元。故第一期為四十萬元。第二期，（六年後加）三個中學，約開辦費、常費二百萬元。第三期（十二年後加）一個學戒林，開辦費及常費基金約四十萬元。第四期，（十四年後加）添建大學房舍及常費基金，約需一百二十萬元，總計四百萬元。而可先籌四十萬，開一佛學院銀行辦起。

《海潮音》第四卷第九期，一九二四年

《海潮音》月刊出現世間的宣言

來歷：覺社從戊午夏曆十月十日為始，曾發行一種季刊，名為《覺書》；至己未夏曆十月十日，已發行了五期。但讀者終嫌下氣不接上氣，來函請改為旬刊、月刊的紛紛不已。嗣北京有幾位研究佛學的，欲隨順那時代的人心思潮，發行兩種佛學的月刊、旬刊，亦未見事實。覺社的季刊，遂決定改作月刊，定名曰「海潮音」，這便是《海潮音》月刊出現世間的來歷了。

名義：或問「海潮音」一名是何含義？有一個社友簡單的答他道：海潮音非他，就是人海思潮中的覺音。若依這句話分析起來，便可知道那「海」是宇宙間人類公共的；那「潮」是人海中一個一個時代所產生的，更有些屬於現今這個時代的意思；那「音」是人海思潮中能覺悟的，更有些屬於佛法、屬於覺社的意思。因此，便用兩句話定下一個宗旨：

發揚大乘佛法真義，

應導現代人心正思。

宗旨：人心超時代而本存。時代附人心而變者，謂之現代人心；雖未嘗無空間普遍性，然絕不有時間的常住性，換言之，即現在周遍人世的新思潮是也。思潮的起滅相續，剎那不停。客觀的境，偏顯於過去，故將謂之新而所新者已舊。主觀的心，恆轉於現在，故將謂之舊而能舊者方新。今世俗所謂新思潮者，要亦所新之已舊，而非能舊之方新也。然此本是隨俗所起的言說，則亦姑以世俗所謂新思潮者，名之曰現代人心耳。至「現代人心」的內容為何，今不詳論，第以新思潮之生起，動不由自，惟是隨環境牽動而動——由境界風而動——因不得不動而動——由無明風而動——跟著了環境牽動的趨勢、不得不動的趨勢，推來推去，旋進旋退，或升或墜，忽上忽落，山崖石峽，土岸沙灘，不是衝倒了挾之俱逝，便是激分了讓之前奔。既沒有自覺自主的力，也沒有善的標準與真的軌持，不過是糊塗雜亂、混沌齷齪的一代人心的表現罷了。故必須尋出個善的標準與真的軌持，發生出自覺自主的力量來，乃能順引著這現代的人心，使不平者平，不安者安，而咸得其思想之正。然世之紛紛講論研究各種學說者，皆欲應導那現代人心，得一善的標準與真的軌持，使成為正確的思想力、創造力者也。我們亦竊欲加其上而順應之，處其中而適應之，超其前而導引之，從其旁而導救之，為此研究講論那大乘佛法。能生世間出世間善因果的，謂之大乘佛法。能生出世間善因果的，即是聲聞、獨覺、菩薩、佛陀的善法。能生世間善因果的，即是人天的善法。故一言大乘佛法，不但已將出世間的三乘法包括俱盡，即世間凡有一絲一毫能創造善因、獲得善果的方法，亦皆融攝靡遺了。但大乘佛法的本身，究竟是何呢？馬鳴曰：「大乘總說有二：一者法，二者義，所言法者，謂眾生心。」故大乘佛法的本身，即眾生心是。就宇宙萬法泛言之，曰眾生心，即是能具能造那迷悟、真妄、染淨、聖凡十種情世間、器世間的。就我們人類切言之，亦可曰人生心，即是能具能造人生世界種種事物的。雖知道這個眾生心或人生心就是大乘佛法的本身，倘若不能確確切切知道這本身的真實義，是依舊不能算作大乘佛法的。何故呢？因為不確切知道它的真實義，便是迷惑故，迷惑則顛倒虛妄故，則雜亂染污故，則造惡因受苦果故，便不是專能生世間、出世間善因果的大乘佛法了。所以必顯出了它的真義，乃能得到大乘佛法的妙用。但而它的真義又是何呢？第一要曉得他有一身不離的兩義：一者、是本來無時間空間而不變不異的如如實理，這是沒有體相可舉、作用可得的。二者、是範圍在時間空間而恆變恆異的自自幻事，這便是迷悟、真妄、染淨、聖凡的十種情世間、器世間了。第二要曉得依著他的自自幻事能顯示的三義：一者、即依幻事而顯實理，所謂大乘自體，自即自自幻事，體即如如實理。離自自幻事則無處能顯如如實理，譬如依人生世界說有人生世界的本體，若離人生世界則亦無人生世界的本體可說。二者、由顯實理而證性智，所謂大乘自體相，自即人人自心，體相即是契證如如實理的真淨覺心。人人自心必須有了這契證如如實理的真淨覺心，乃能專發生世出世的善因果，不復發生迷惑、倒妄、雜染的惡因果，故大乘佛法最重要的真義，便是這大乘自體相了。三者、由證性智而成妙事，所謂大乘自體相用，即是能創造世出世種種善因的德業，享受世出世種種善果的幸福了。發揚的發，有發明、發生的兩義：即如這大乘佛法的真義，原是人人自心中所本有，今不過將它揭發說明，並不曾生出了那一樣來。又如這些詮大乘佛法真義的言論，也是佛教的《大藏經》中原來有的，今不過將他開發闡明，並不曾生出了那一樣來。故謂之發明。然而，吾人因為揭發說明了它，便發生了一個覺悟大乘佛法真義的人生心。因為開發闡明了詮它的經教，便發生了一個發揚大乘佛法真義的《海潮音》，故又謂之發生。發揚的揚，也有稱揚、宣揚的兩義：將這大乘佛法的真義，稱舉到人海思潮的最高性上去，為現代人心作正思惟的標準，故謂之稱揚。將這大乘佛法的真義，宣布到人海思潮的最大性上去，為現代人心作正思惟的軌持，故又謂之宣揚。

門類：稱揚宣揚的工具，不用說便是那文字言語了。於此卻分了四種門類：

一、建言：是建立主義的。

二、平議：是批評客義的。

三、商論：是主客公開的商榷討論機關，凡反對佛法、懷疑佛法、批評佛法、研究佛法、信解佛法、修證佛法所發生的問答辯駁，皆得發表於此，供世界智者的考慮。

四、雜記：此如四緣中的增上緣，凡不入前三門的，皆收入此門。約言之，有筆記、小說、史志、譯著、神教、哲學等類。如大乘用大能生世出世間善因果的量，凡世出世間的善法無不容納之。

每季的第一月，更附出增刊一種。第一季增刊的是《佛教年鑑》，第二季增刊的是《法海文瀾》，第三季增刊的是《禪苑詩藻》，第四季增刊的是《覺社星訊》。至佛教原來是經書與圖像並重的，但《海潮音》月刊上圖像是有無不定的，故不能列為一門。此外，除登載些廣告，便無他項了。

希望：有一句話要先聲明的，即庚申年十二期的《海潮音》月刊是決定出了，是百事齊備只等陸續印刷發行了。倘無出人意料的變故發生，是絕對不會中止的。閱者請一冊一冊接續著看過去，看了請照著自己或反對、或懷疑、或批評、或研究、或信解、或修證的種種意思，用言論發表了出來賜教，《海潮音》月刊便感謝不盡了！

《海潮音》第一卷第一期一九二〇年一月

遊記

寰遊之動機與感想

去年出國，先到歐洲，再到美洲，為時共歷九個月[1]。此次出國的動機，因為覺到近來這世界上種種的事情，都受了歐美的影響；即如今日中國各事，也隨著外國的變化，如變成今日如此的中國。不但中國是這樣，如東鄰的日本，也是在這五六年來，隨著西洋各國的變化，而變成今日如此的日本。在這一點意思上，我就覺得現在的全世界，實在是彼此息息相通的；它的變動，如一架機器的轉動，又如自鳴鐘全部機關的運轉，僅由一根發條所致。現在的西洋，正如自鳴鐘裡的那根發條，能使其他各個部分，都隨著變動了。現在這個世界的局面，雖然比從前大得多，但是因為交通的便利，那世界的各事，就能夠息息的相通相關；所以，中國如果想變好，不但單獨中國自己能變得好。那西洋化的一切事物：如政治、經濟、宗教、學術、思想、習慣等等，須得它們都變好，我才變得好；如果他們愈變愈不好，中國單獨要變好，也是辦不到的。這世界上的情形，如全身的血脈一樣，萬難依著國界，一國一國把它隔斷起來。如果我們想要中國好，同時就要全世界都好；不但要救自己，還要去救全世界。但是不幸得很，今日的中國，只會跟著這世界的潮流跑，一點自主都沒有了；不但政治、經濟等是這樣，乃至思想以及各種平常的見解都失卻自主了。我們必須將中國優美的道德文化發揚起來，使全世界都來領受；佛法就是一方面要使人類種種互相侵害的事減少下去，一方面要使人類良善的德性行為增長起來。雖然佛說這人生世界都是無常的、變化的，但想要人心趨向於善的方面，就必須要明白覺悟，現前一切萬法是怎樣變化起來的。如果存心時刻都想利益大眾，則不但眾人可得利益，即自己也可以得到利益。在這一點上，佛法和古今來聖賢所說的，大概都相同，但有廣狹深淺的分別而已。倘能如此存心，種種苦惱都能化為安樂，世界就得和平。即遠而言之，如西方極樂世界，亦無非由阿彌陀佛的無上善心，勸化多眾，由此淨因增長才成就淨果的。現在這世界上遍布了天災人禍，佛教必須實際上負起一種救濟的責任來才好，非但空想罷了。當今西洋人具有轉動這個世界的力量，可是西洋人不但不了解佛法，而且與佛法不相應。如果能到以佛法的力量來轉動這世界的時候，這世界便有望了。那麼，今日的西洋，到底有沒有可以信受佛法的機緣呢？我看西洋人對於凡百事物都要先研究清楚了，才肯實行，隨即發生了效驗；倘能以這種態度來領受佛法，從而實行，便能夠很快的將佛法布於全世界。不像中國人，往往不求甚解，敷衍了事。而且，佛法在中國存在的時期太長久了，心理上似乎疲了，以為也不過是這樣。假使佛法傳布到西洋去，予以一種新鮮的激刺，也許能夠因此便實行起來罷！我從這幾點意思上著想，所以要到歐、美去觀察一下。

這回是先到歐洲，因為歐洲是西洋文化的根源地，美洲的文化也是從歐洲流傳過去的。歐、美各國關於佛教的情形，可分三種來說：其一、是各大學和宗教學院裡的專門學者，他們所根據的，多是錫蘭文和不很完全的梵文；錫蘭文的屬於小乘，梵文的屬於大乘，英、德兩國受錫蘭文的影響較大，也有由西藏文和日本文來研究的，至於從中文探究的就很少了。他們的態度，如比國有一位佛學者名普善，他是以講佛學出名的，然而他卻是個天主教徒。其二、是個人各自研究，也有因此而起信行的，他們也有因為遊歷東方，到錫蘭、西藏、日本等處，因一時的感動，或譯書的關係而興信仰，但這種人也不多。其三、是結為團體，以共同研究或共同信行的，這三種人之中，有曾遊歷或住過印度、錫蘭、西藏、日本、中國，和一二種東方文字有直接研究原典的，也有僅從譯成的英、德、法文來研究的；我在德、在法，都曾遇見過剛才從西藏回來的人，在錫蘭和日本，都有幾個西洋人因信仰佛法而出家的。英京倫敦，原有佛教會兩處，法國最近才成立巴黎佛教會。我因為見到歐陸無論團體的或個人的，對於佛教的關係，彼此幾全不通聲氣，或絕無聯絡，往往因這種研究傳播佛法的中間人死了，佛法便不能長久保留下去。所以我此行除在各處演講佛法外[2]，予歐、美學界的影響有三種：一者、引導歐美與佛學有關係的團體或個人之間，互相聯絡，為更擴大之組織；二者、引起其對於中國文佛典的興趣；三者、發起世界佛學苑，在法、英、德、美諸學者名流參加者，已分設通訊處於其本國。按佛法在歐、美流傳的情形，大概是由歐及美，在美復受日本的影響，美國西部舊金山有日本人辦的佛教布教所數十處，常有美國人去聽講。美國人從前在這裡曾經辦過一個佛學會，現早不存在了。美國的東部接近歐洲，如我到過的紐約，倒甚少見到有與佛教的關係。

現在歐洲有一部分學者，覺悟到唯有佛教能使這世界進於康莊大道，化除戰爭，永得安樂；但這也只是少數學者的見解如此，至於各種對佛法具有信行的小團體，在歐洲環境之中，實在感受著有許多的困難。對於無論什麼宗教都不相信的，這尚非多數；唯有原來信天主教、基督教的人很不少，法、義兩國更多，這當然由於有悠久的歷史所使然，雖然近代有信教自由的規定，而以少數的佛教分子處在這種環境之內，當然要經過許多的困難了。但究竟說來，唯有佛法最適應現今時勢的需要；因為從前的歐陸宗教觀念，和現代的科學根本不能相容，宗教的宇宙觀，和以自然說明萬物的科學態度，成了衝突！又因近代工業發達，社會經濟組織大異從前的結果，人們都覺得各種力量都在人類自己的身上，那些創世主宰的觀念，當然不能再相信的了！如果將佛法和其他宗教同樣排斥，便是莫大的誤會！倘能明白過來，便知道不但兩者並不衝突，並且知道由各種科學以及近代各種經濟組織發生出來的許多不安穩的現象和禍害，都能靠佛法來補救消除，使近代的社會更有進步。須知佛法是說明一切法都是因緣和合所成的，非特世界、國家、社會是如此，即小至一微塵亦如此；這個因緣和合所成之理，即可貫通科學之理而無間然。因係因緣和合所成而無自體，故是空；係因緣和合所成，而時增、時減、時生、時滅的，故是假；即此空假不二，故名中道。那科學的宇宙觀，也就是說一切事事物物是因緣和合所成的，但不及佛法說得這般透徹圓滿。所以，凡是到了科學發生矛盾現象，或遇到什麼障礙的時候，佛法就都能夠在那矛盾處、障礙處，一一為之打通，一一為之活動；足見科學和佛法非特不相反，而且是很需要的。

這回遊歷觀感之所及，和與諸學者名人談話討論之所到，都覺得佛法確是現今世界人類最需要的一種新信仰。可是，這不過是很少數的思想家才知道，且這種偉大的事業，也絕不是靠少數人的宣傳所能成功的，那大多數民眾信仰之轉移，非各國佛教徒為共同之努力不可。有了一種國際間之組織，才能夠成就一種世界的大運動。另一方面，佛教內部的各分子，又必須提高其程度，使成為各國健全的分子，不但獨自參修便了，並且要存心濟世利人，實際的負起責任來。這樣，才能夠將佛教的真力量、真功用顯出來，否則，只是拿幾句慈悲為本、方便為門的話頭說說，這不但不能使人信仰，而且以為空話而已。現今各國佛教徒較有組織而稍能顯其作用於歐、美者，當推錫蘭之於英國，日本之於美國；其次，則暹羅和西藏兩處，雖無宣傳佛法到國外的力量，卻是在本土都能有住持佛教的和合眾，而最散漫淩亂無力量者，則實為中國佛教的寺僧！現在必須趕快將這種弊病革除了，才能夠振興起來，擔荷宏法利世的大責任。弊病的癥結，在於各個寺院已經化成祖傳子承的變態家族，早將和合眾的真僧義失掉了。流弊所至，現在只有各為其一寺一院的住持眷屬，和遊食掛單於各處寺院間的雲水僧眾，而絕對沒有為一縣、一省、一國的佛教團體。雖然年來也有時勢造成的團體出現，但個中情形非常散漫，絕無整齊劃一的管理和組織。所以，雖然全國有許多佛寺和許多人，卻不能有一種力量表現出來，危機臨頭，束手無策！歷觀各國，無論是佛教非佛教的傳持宗教者，都是教團而非家族式的。須知佛教的三元素：是佛、法、僧；佛是教主，法是教典，僧是教團。僧的本義就是和合眾，和合眾就是崇佛依法而有組織、有紀律的佛教團，可見住持佛法者是在僧。原本的意義，就是住持佛法者須有一定組織紀律的佛教團。且看三藏中律藏所載，大抵是關於傳持佛法的僧團組織。只因中國民族是向來以家族制為中心的，以至佛教傳入中國住持之教團，也成了變態的家族了！近代國家社會的組織，都在分化減輕去家族的關係，使各個人成為國家社會的健全分子，以組成健全的社會或國家，何況為宗教的傳持者無不是教團，而佛教的傳持，本來就是和合眾佛教團呢！所以，中國佛教寺僧急應革除一寺一院的家族制，化成一縣、一省、一國佛教團，凡寺院財產以及各個人的心力身力，都應該貢獻給教團，須知僧無別職業，專依佛教為職業；僧無別生活，專依佛教為生活，就應當完全為佛教而犧牲一切，而精進修學，這樣才成為有力佛教團，足以住持佛法，而且發展佛法於人世。至於由家族的寺僧化成佛教教團之後，那時有寺院財產，都是佛教教團之所有，和合僧伽即為住持佛教的教團；那時，各寺院的財產應辦何種事業，都由佛教教團來支配，各種財產事業的辦理掌管人，都由佛教教團來選任。這樣，一方面可以造成僧內健全的個人分子，汰除一切偷惰頑劣的敗類，使老年的有以修養，青年的有以求學，壯年的得以各盡其才力，辦理各種佛教應辦的事業；一方面，由這健全分子所組成的有力教團，根據著佛法的真理，廣作各種濟人利世的事業，改良人羣的風俗，促進人類的道德，救度人生的災難，消弭人世的禍害，將佛法發展為全社會、全國民的佛法。照這樣的先將中國的佛教提高以後，中國的佛教團才能出而聯合各國的佛教團或佛教徒眾，組成全世界的佛教團，共同努力，將現今世界人類所最需要的佛法發揚實行出來，成為全世界人類的新信仰了。簡括的說：總要本著佛陀的大慈悲願力，造成能實行佛陀大慈悲願力佛教團，有了這種教團，才能夠實現佛法濟世利人的力量。否則，我國佛教的情形，但有家族式的各獨寺院，和散漫般的雲水個人，所依賴以生活的一切，都將不能保存[3]，還有什麼能力來濟人利世呢？佛法中的各種好聽名詞，不都成了空話了嗎！所以，如果要佛教在這人世間有事實上的功用，必須有健全的分子，和完善的教團，才能夠覺破世人的迷惑，才能夠拯救世人的苦惱，才能夠有真正的佛教，世界人類也就可以從真佛教中得著普遍的信仰了。

（晦盦記）

附記一：記者將講演錄繕寫將竣時，適接居士林寄來法師之講演底稿，茲將原稿中有為演講所未及者，別列為註，以備參考。

附記二：原題〈歸國後在上海佛教居士林演講詞〉，世界佛教居士林刊作〈太虛法師在本林講演詞〉，今改題。

一九二九年五月在世界佛教居士林演講，刊《海潮音》第十四卷第四期，一九三三年四月

1余此次遊歷之所經，適為自西向東之繞地一周，但中間亦不少自南向北又自北向南之曲線耳。自東向西行，以在大西洋及太平洋上為最直。每行二三日，須減退一小時，大約從上海經南洋、印度洋、大西洋而抵紐約，差十二小時；故於太平洋上之遠西遠東分界處，自西向東則增一日，自東向西則減一日也。自北向南者，考由上海向新加坡，及舊金山向檀香山，天氣則由冷而熱；自南向北者，考由紅海向地中海，及由檀香山向日本，天氣則由熱而冷，此為環遊中所感時序氣候之變化也。中國在亞洲之東，繞向亞洲之南所經者，為安南、柔佛；由是西向，則為錫蘭、印度、波斯、阿拉伯；由是向北而入紅海，東岸即阿拉伯，西岸即非洲，兩岸皆大沙漠，故異常炎燠。由紅海經蘇彝士運河而達地中海，東岸之亞洲，有漢志、猶太、土耳其等；西岸之非洲，則埃及等。此所經亞、非二洲多古國，乃今除暹羅、土耳其二三國能獨立外，餘若印度等皆已淪為歐洲法、英、荷、比諸國之屬地，殊為可嘆！就宗教言，爪哇、印度，及波斯、阿富汗等，本為佛教流行之地，今印度則唯有婆羅門教、回教、耆那教，餘則唯有回教及新傳入之耶穌教；而佛教殘存之古佛，僅可見之於歐洲諸國之東方博物院耳！回教諸國之身歷其境者，僅一遊埃及首都之開羅，即著名金字塔之所在地，頗多偉大之回教堂；土耳其等歷代帝王之墳塔，亦多有在其中者。而開羅已為一英國式之新市場，人口百萬，為非洲之第一大都市焉。在地中海經過者為義大利，至法國南部之馬賽而登陸，約車行八小時至里昂，再八小時至巴黎，法國之首都也。余住巴黎兩次，約五十日，由巴黎渡海至英京倫敦，舟車僅八小時；倫敦至比京布魯塞爾，舟車亦僅八小時。余在英、比兩國約一月，由比京至德京柏林則為十七小時。余在德國所遊之城市較多，若柏林采勃齊、耶納、佛郎府、達姆斯達、敏興等。歐洲夏間不甚熱，頗宜遊覽，惜余乃在秋冬，草木黃落，風雪嚴冷，未免減興！春間至美國東部之紐約、華盛頓、芝加哥等，雪猶未消。唯一至西部之加里福尼亞州等處，則山青氣和，長年如在晚春初夏之時，殊足增人快感也。余在歐、美諸國參觀者，為各大學校、圖書館、博物館、公園等。法國有皇宮二處：一即羅浮博物院，內以圖畫為多；一距巴黎二小時火車之凡爾賽皇宮，宮外林泉清曠，宮內保存舊時帝后起居之形狀，壁間圖帝王歷史以供觀覽。余觀德國之敏興、柏林等皇宮，建築陳設亦略相同。比國之非洲博物院，亦皇宮之模仿凡爾賽者。博物院有普通者，有專門若天文、交通、農產、植物、動物、民族歷史等者。例如天文博物院之天文室中，利用電器電光之作用，旋轉屋中之圓頂，周天日月星辰之交錯流布，歷然如觀掌紋。據云：國家圖書館以法國藏書為最多，然英、德及華盛頓之國會圖書館，亦不相上下。各大學除德圖書館之外，各科又有各科之圖書館，加以各學者各有一屋書籍，常人亦皆有幾架書籍，故書籍之富，實為歐、美近代文化發達之一徵。即中國文之書籍，不論新舊，凡中國所有者，彼東方學校或圖書館中，大抵有之；而中國所已無之古籍、古器物、古美術品，亦時可考見於彼都之圖書館、博物院、展覽會中。余在柏林時，適開中國展覽會，德國駐華卜爾熙公使等曾邀同觀，商、周之古器亦陳不少。其他於各國東方博物院中，見關於佛教之雕刻、圖畫尤富，其屬於爪哇、新疆、波斯、阿富汗等國之佛像，及佛教史之雕繪，多為向所未見聞者也。

2余之講演，皆為佛學。法國之大學院、巴黎大學及東方語言學校等聯合所開之講演會，則在東方博物院。其他尚有東方文化學會、證道學會，及佛教美術學校等講演。英國由牛津、劍橋、倫敦教授等聯合所開之講演會，則在東方文字學校。於德、美兩國中演講尤多。英、比、德諸處之演詞，已見本年第一期《海潮音》記載。美國則著名大學哥倫比亞、耶魯、芝加哥、加利福尼亞等，皆曾講演，而美國在紐約、哈佛、卜技利由各宗教學院，亦因請講而得參觀考察之機會。關於宗教研究之專門學院，不能不推美國為最善。法國天主教之大主教及英國為歷代帝后墳墓所在之皇家教堂主教，皆曾約余相晤，並參觀教堂中之一切。其餘在法、英、比、德、美諸國，遊觀天主教、基督教、回教、猶太教等之教堂，不一而足。過耶誕節，則觀於柏林之某大教堂；過復活節，則觀於舊金山之某天主教堂。他若英國美以美會之紀念會，及各教堂之講演，亦多往參觀；以紐約之福斯登牧師聽講之情形為最盛焉。

3寺廟管理條例，乃表示政府解散中華佛教總會而產生之一種代替物，及保持寺僧變態家族之弊制，使不能成為中國各級佛教會之障礙物也。今內政部所依據改訂之寺廟管理條例，除加入可由地方政府解散廢止以奪取寺產之外，其他概襲其舊。今既有非有佛教會不足以住持且發展佛教，故非要求取消之不可。夫佛教與回教等同為宗教，彼教之教堂、禮拜寺等既無此等條例，獨令佛教之僧寺與道教之道廟有此條例，殊為可怪！今吾佛教當為堂堂正正之宣言，凡屬於佛教之寺院財產，當為佛教僧完全所有，斷不容任何人假借任何名義可許其攘奪，其不屬於佛教之寺廟財產，設非其所有權者願捐施於佛教，佛教僧斷然無所貪戀，至佛教僧所有之寺院財產，應如何管理支配，由全國佛教僧所組各級佛教會處理之，於政府則批准各級之教會章程，俾可照章行使其教會權，並於內政部設一宗教局，專掌管宗教之行政，以示宗教平等。然在此訓政時期，可先由內政部設一宗教整理委員會，以整理關於國內之宗教，至整理完竣時撤銷之。關於各宗教寺院庵堂及財產，宗教整理委員會應規定其所有權及管理權，例佛教寺產之所有權在中國各級佛教會，其管理權則屬之由各級佛教會所選任之各寺產住持或職員；革除以剃派、法派等變態之傳繼習慣，並由宗教整理委員會舉行各宗教寺產登記，然後各歸各宗教教會所有管理之。至有宗教教會之組織法，應有同異；例佛教會應為各縣、各省、全國之三級，會員大致分僧眾、信眾，寺庵僧眾為當然僧眾會員，應舉行考試登記，汰除莠劣，其自願還俗者聽。信眾之個人入會與否，聽其自由，惟組織成團體者，應悉加入佛教會，以收佛教團體統一之功效焉。晦盦速記。

時局

上國民會議代表諸公意見書

敬陳者：茲值全國賢俊聚集首都，本總理之遺教，匯民眾之公意，制訓政之約法，謀統一之建設，太虛歡忭慶祝之餘，不禁發生誠懇深摯之願望，鬱然有不能已於言者，請為諸公覼縷陳之。

一曰、建設之所基也：國民革命雖不能不經過破壞之程序，而其目的固在乎建設。顧民國迄今二十年矣，對內剷除帝制及軍閥，對外取消不平等條約，凡此破壞工作，雖已成功十之七八，而心理建設也，物質建設也，三民主義之國家建設也，千百中猶未能實現其一二者何耶？論者每諉之以貧，而實則吾國之民勤物阜，貧非其因而亂實致之。然亂之不能已者，則由迭經大變動之後，全國官民尚無一共尊共守之法，能樹立威信以為建設政治及社會新秩序之所基。遂致誇侈相尚，各存僥倖之情，傾奪為能，罔恤呼籲之隱。於是弱者填溝壑，強者挺鋒鏑，而亂乃無止時。今有訓政時期約法之制定，固可為全國官民同遵之弘軌，然果能為建設政治及社會新秩序之所基與否，當視能雷厲風行樹立威信與否以為斷。今約法草案之披露者，固曰人民一律平等，無種族、階級、宗教之區別，與人民有信仰宗教之自由也。然自語國佛教僧徒在今日所處地位觀之，抑何不平等不自由之甚耶？夫佛教之僧，與耶教、回教等宗教師相同，雖無高出一般人民以上之特殊地位，固應有一般人民平等之地位也。至於佛教之寺產，亦應等於耶教、回教所有之教產。在法律上，則為屬於財團法人或社團法人之所有財產，應與一般人民之財產，同享其保護之權利。乃徒以其為佛教僧及佛教僧所住持之寺產之故，既另訂監督寺廟條例，及蒙古、西藏等處喇嘛寺廟管理規則，而又任人佔奪、摧毀、變賣為興學、造路、住兵，或其他任何公立機關私立團體之用，不惟外省各地之情形不可聞問，即就首都諸佛寺而論，大抵皆為軍警或機關團體所佔，且任意改造屋宇，摧毀法物經像，甚至於變售基地田產。如此公然而為違法之舉動，尚何人民一律平等與信教自由之可言！今於會議未閉幕以前，若不能令首都各界之佔用佛寺、摧毀法物、變售僧產者立即恢復歸還，並通電各省縣市於三個月以內悉照首都辦理，禁止以後永遠不得有侵佔佛寺僧產之事，則約法之威信無由樹立，而社會之新秩序亦將莫從建設！愈亂愈貧，凡百建設勢必無著手之處！夫此其骫法敗紀之一端耳，其他若官若民之唯強是逞，魚肉貧弱無告民眾者，何可勝舉！故非樹「官民必同遵約法」之威信，則無以定建設之基也。

二曰、統一之所關也：中華民國完整之領土，非合各省市與蒙古、西藏所構成者耶？中華民族完整之民族，非合漢、藏、蒙、滿、回所構成者耶？然藏、蒙、滿皆信佛教而漢族亦信佛為多，且藏、蒙尤完全為信佛民眾所居之區域。於佛教從之則化，違之則梗。故前此達賴代表對新聞記者發表關於國民會議西藏代表人選之意見云：「此次辦理選舉，應注意者，西藏乃佛教區域，昔與漢土結合之因緣，亦以佛教。其域中大小佛寺，不止八萬四千，喇嘛——出家學佛者——數尤夥，可云除居——在家信佛者——外即喇嘛，除喇嘛外均是居士。故西藏全土除少數居留人外，無論何種職業團體，皆皈依佛教，皆唯三大寺之命是從，康、藏皆然。選舉時不可忽略此種精神云。」又蒙古章嘉呈國府云：「查蒙古會議提案推翻喇嘛制度，不思若議而不能實行，是失中央威信，況違反我政府撫綏藩屬之至意，有關於國家治亂甚大。」又蒙古佛教徒請願云：「喇嘛教本為佛教，黃教又其正統，自明清以逮民國，藉以使屏藩內向，忠勤國家，此黃教所以獨有大功於中國也。昔清世宗有言：柔遠能邇之道，孔子言之，而歷代君相皆不明其義。本朝不設邊防，恃蒙古、西藏之部落為屏藩耳。」（按：此清初之所以統一而治也。）光緒十九年，庫倫哲布尊丹巴入朝，不加優禮，後遂不復至，外蒙以亡。光緒戊申兩宮崩，飭達賴入京誦經，未加優禮。益之以趙爾豐之貪掠，西藏達賴遂向英國。（按：此清末之所以分崩而亂也。）數年前西康諾那過川，軍政當局優禮而留之，而其時適有以毀寺逐僧提產倡者。諾那曰：今佛教且毀，尚留余何為乎？佛然欲行——川當局遂寢其議。又前月中國佛教會開全國佛教徒代表大會，達賴代表棍卻仲尼與班禪、章嘉皆派代表出席，諾那與五台山之齊丹僧則親出席，現皆被選為中國佛教會監察委員。由此可知興崇佛教大有造於蒙、藏、康、青人心之歸向，而甚為民國統一之所關也。

三曰、統一與建設之大本也：統一與建設之本何在？曰：在全國全民族之人心能和平統一而共趨於建設之途耳。故總理注重思想信仰之統一，而高唱心理建設也。今統一中華民族以建設中華民國之大道，固在三民主義，然論者每不知三民主義一貫之精神所在，以致時有畸重畸輕於一民主義、二民主義而發生紛歧者。其實，三民主義固由一貫之精神而出。總理嘗言為愛人而革命，又每言三民主義即是民有、民治、民享，乃是為國民或為世界人民謀福利之主義，故其一貫精神唯在「為民造福」，可謂之「為民主義」。「民」，即人類組成各種團體者，人類團體之最完全者為國，故為民造福當先就自國國民造起。而國民福利所關者有三方面：此國民與其他國民相對而求得自由平等之尊榮，於是有民族主義；此國民全體與其分子相對而求得自由平等之權利，於是有民權主義；此國民及其分子與其他各國民共處之自然界相對，而求得自由平等之享用，於是有民生主義。雖有此三方面，而要之則唯為民造福之一貫精神而已。為民者，謂非為個人或為任何私人及為任何他物，而唯是為國民，或為世界人民也。此種純粹利他之為民主義，頗為向來只知為身、為家之國人所難體會，故中華民族至今未能養成三民主義之建國心理。然佛教在中國千百年以來，佛菩薩大慈大悲、救苦救難、濟世濟人、普度眾生之意義，已為婦孺雅俗之所同喻，若能因勢利導而巧譬善喻以闡明之，則民國之心理自易統一於為民造福之三民主義；且各人皆能體會純粹利他而為民造福之三民主義，實行建設三民主義之民國矣。復次，國家或社會之制度，每與其時代思想之宇宙信仰相一致。換言之：即以某種宇宙信仰為背景而建設某種之國家或社會也。往者嘗以一神所創造及宰治之宇宙信仰為背景，而建立朕即國家之帝制國家。然近代歐美各國雖變成立憲或共和之民治國家，以猶沿襲一神之宇宙信仰，遂未能造成真正民治之國民。放觀古今中外一切教學能徹底證明「諸法眾緣生」，而建立「由一切眾生眾多因緣所構成之宇宙觀」者，厥惟佛教。換言之，即惟佛教可為建設真正民國民治社會之信仰，惟佛教眾緣所成之宇宙觀，可為建設三民主義國家之宇宙背景而已。據前來所述之二事，可知以佛學發揚光大三民主義之精義，實為今日統一與建設之大本也。

右陳三事，太虛愚見認為吾國今日所必需之根本要圖，恭效獻曝之忱，謹祈芻蕘之采！此上國民會議代表諸公均鑒口釋太虛。

《海潮音》第十二卷第七期，一九三一年七月

對大師學生會籌備員之訓勉

為我的學生要從四方面學：

一、**修行**：這中間包括聞、思、修慧，由聽講、研究、靜坐、思惟，以至於根據六度四攝之原則，表現於行為上者都屬之。

二、**講學**：如法會講經，或學院授課，乃至著書立說，翻譯流通等皆是。

三、**用人**：一件較大的事，不是那一個人可以成功的，必需和合各種才能不同的人。所以要有團體的組織，並要有領導的人，善能用人，最重要的能自知知人。

四、**辦事**：佛教的事，亦有多方面，如學院、僧寺等，往往與政府社會發生種種關係。若遇疑難的事，要有判斷力；困難的事，要有忍耐力。觀察於法於眾有益的事，務須任勞任怨去處理應付，不可畏縮。如於法於眾無益者，勿為虛榮私利，和人爭持不捨。

以上四事，各人宜時時對自己反省，對他人觀察，於上四事中，長於那種，或短於那種，互採其長以補其短。切不可以己之長而驕人，亦尊重他人長處而勿生嫉忌，對他人短處要原諒而不輕視，自己短處要自勵而不放鬆，可以改正補充。以此種精神為和合同事之準則，則機緣一到，將來許多佛教的大事當可必成。

在我的意境上，向來是以全國乃至世界人羣佛教為對象，攝受的人非常廣泛，覺得無論什麼人，都有他們的用處。比方說：魔，總算最不好的，然在佛的法會中，他有時亦發心護法；八部護法眾中，連餓鬼、畜生的大力分子都在內。所以在我的看法上，只要用之得當，沒有一個人沒有用。如有些學生還了俗，甚或跑到異教中去，只要對我或對佛教的信仰沒有完全破壞，也可藉他將佛教輸送到異教裡去，達到佛教細胞深入社會各階層之最高目標。所以，只要能有集中的信仰精神攝持力，不管親疏近遠，在有秩序的系統組織下，以整個世界人類和佛教為對象，方能人盡其才，才盡其用，好將我此意從組織學生會而貫達得到我的各個學生。

（福善記）

講於一九四二年一月在漢藏教理院

現代青年與佛教之關係

一、**過去到現在的人間，是由精神而進到物質的：**總觀全球，覺過去時代之人類心理，如中國、日本暨歐西各民族，其視為最可寶貴尊重者，則是道德文化。故西洋在中世紀，則以基督教為共主，而中、日則以周、孔、孟、荀之化，貫徹數千年以為治理，殺身成仁，捨生取義，至今猶有遺風。其後，則由道德文化而漸移到於重視政治、法律，如法蘭西之革命，其目的則在於求立法權、參政權，以能公立約法，參預政事，則可享得平等權利也。到現在，更知經濟能左右政治，而所爭之點遂亦趨重於爭財產經濟之平均。依此以觀，是由道德時代而變為政治、法律時代，又由政治、法律時代而趨於財產經濟時代了。是知現代人類精神思想，通同集注於物質的經濟財產方面。因物質為不平之發達，貧者怨憤不平，而富者窮奢極欲，供不應求，千方百計亦不能滿其欲望，以是階級爭鬥殺機遍伏。流弊至此，無有辦法！是由精神生活而進到物質生活之路已窮矣！

二、**現在到將來的趨向，是由物質而到精神的：**前言人人在物質上均想爭得奢侈之享用，而致造成現世之階級戰爭，皆是因不能滿足其欲望為動機。由是反觀之，乃知要想求得身命之安全，當在精神上求而不在物質上求。如近代歐洲大哲倭鏗之講精神生活，及提倡和平弭兵息戰之舉等，是則精神文化復興之動機也。人類思想，先既由精神而進到物質，今物質路已走窮，窮則變，變乃通，故又須由物質生活而進到精神生活。然當此交替轉換之際，能迴翔盤旋其間者，厥惟佛法。

三、佛教為現在到將來之樞紐：考西洋文化，大概多智勇而少仁慈，東方文化則多仁慈而少智勇，惟佛法智悲兼大，為東方極慈悲、智巧之文化。又古代西洋雖曾得耶教之博愛，今以其神話不為科學知識相容，為破除迷信者所不齒，威信已失，勢難再立！東方之孔、孟雖較完善，而又犯王政之嫌，與今平民主義相違異，是皆不能適應現在人類之思想與欲望。唯佛法慈悲平等，理智圓滿，若能由信受佛之理智，容納佛之慈悲，則人世乃有復生之機。

四、青年應站在時代之前：大凡人類有青年時代、壯年時代、老年時代；老年為休息時代，壯年為服務時代，惟青年為預備時代；如草木之生芽、開花，正是進取增長的時代，故青年不可退在現代之後，或處在現代之中，而當站在現在的時代前面去。因青年是時代前進的領導者，凡青年的人們，不要為現代環境所籠罩，應看現在趨向將來之要點何在，認清方向，就要向此走去，不要停頓。前已講明，現在到將來的趨向樞紐，在於佛法；諸群既為佛教的青年，那麼就要大家充分受佛的教化，以慈悲充足、智慧圓滿的精神來轉移時代，勿為現時之環境所困！

五、佛化青年乃足為時代前驅者：佛化的青年，就是全世界人類進步之總指揮及先導者。

那麼，這個要死不活的世界，非有悲智充滿之佛化青年為引導，不會有生機的。青年諸君就是破曉之陽光，昏夜之警鐘，將來之救世主。今天觀貴會成立，我已從無限歡喜中發生無量之希望。

六、今後佛教之青年應走的兩條路：

（一）現實主義：舊來佛教徒之習慣，大概圖清閒而不做事，對於現實社會之文化、教育、政治等事業，一概放棄而不肯為。現在青年的佛教徒，應該反是。我們要充滿佛化的慈悲、智慧，加入羣眾社會活動，加入人類實際生活。此種活動，即是佛法不離世間法之義。要使世間中皆充滿了佛之慈悲、智慧，亦即變世法為佛法。

（二）精進主義：學佛的人，無論作什麼事，皆是為普利人生的。未學佛的人，凡一舉動，大既總是為己，或為宗、為族、為一部分而已。學佛人凡所作為，以圓滿的智慧、充足的慈悲，觀全世界人如一，必為之興利除弊，使全人類皆得安樂。如此奮勇精進行去，方是佛教的青年。臨末，祝諸君為真正之佛化青年，來為世界青年之領導者！

（晤一記）

《海潮音》第八卷第五期，一九二七年六月

由青年路向問到佛教革興

在一個空氣靜肅的暮色裡，我們四人踏進一間簡潔的客室；一種偉大人格的感化力，令我們從心坎中發出敬佩，不期然的來個五體投地——頂禮大師！

「坐坐！請坐！你們有什麼話要講呢？」大師慈和的笑容和音調減低了空氣的嚴肅性，談話也就這樣開始了。

「這回我們從香港到重慶去求法，途經昆明，適大師訪問國際佛教回國，得以拜見，現在這難得的機緣中，想從僧青年的立場提出幾個問題，請大師指示！」妙欽簡要的說明了來意，接著就提出問題來：

「從大師這回訪問考察各佛教國的所得說來，一般曾受過新佛教洗禮的僧青年，今後應走的是什麼路向？」

「說到新佛教青年僧今後應走的路向，就要涉及中國佛教今後革興的整個問題上來。」大師微展笑顏，從容不迫的答道：「革興今後中國佛教的方法，可有二點：第一、將中國原有的佛教來改善，新舊融合，而使舊的分子潛移默化，慢慢的改新，以達復興目的。第二、原有舊的佛教不管他，自己來創立一種健全的新的佛教集團，將這新的集團擴充普遍起來，以代替舊的佛教。根據這兩點，今後僧青年就有兩種路向可走。譬如要從第一種辦法去革興佛教的，新佛教的僧青年就要鍛鍊出堅強的意志和願力，透徹的認識和見解，吃苦耐勞的體魄和習慣，準備深入到叢林裡、禪堂內和經懺羣中去，潛移默化，把那舊的腐化的分子轉移過來，佛教就可以漸漸的走上復興之路。班超說得好：『不入虎穴，焉得虎子！』但要做這事業的僧青年，最重要的是必須有出淤泥而不染，能轉移環境而不被環境所轉移的意志，不受任何外力的引誘同化或挫折屈服，向著不變的主義和目的邁進。這是今後僧青年應走的第一條路向。如果說要從第二種辦法去革興佛教的話，有志的僧青年就要著手做那組織新佛教集團的準備工作，因為這是一件艱巨的事業，必須有廣多的信眾和豐裕的財力做基礎才成；假如這集團仍舊是貧乏的——無充裕之財力、少數人的——無廣多的信眾——發揮不出力量來，則成為佛教的一種畸形組織，對於復興佛教毫無裨益，不如無之。著手做這新佛教集團組織的艱巨工作，是今後僧青年可走的第二條路向。在這兩條路向中，第二條路向，不但工作非常艱巨，即使新佛教集團是組織成功了，但革興的力量只能在新集團的範圍內；對於原有的舊佛教，形成一種隔膜，則非感化革興的力量所能及的了。其工作難而收效小，所以我還是希望新佛教的僧青年，今後應該向第一路線深入到叢林中、禪堂裡去！」

說到這兒，達居起問道：「大師所指的這兩點，簡明扼要，確是我們僧青年的指針。但是，我們看見很多前進有為的僧青年，一走進舊佛教的圈圍中，就妥協屈服，受其同化了！這就是缺乏了大師上來所說的『堅強的意志，透徹的認識』，沒有一個主義來做他們的中心思想，所以精神渙散，不能貫徹的奮鬥下去。但這堅強的意志和貫徹的思想，非經過一番嚴格的精神訓練是不容易做到的；為要挽救過去的失敗，是否需要設辦這類的團體或學院來加以精神訓練呢？」

「關於精神訓練，我從前在武院和閩院時，都曾向這方面努力過，可惜成就很微！再者，如辦佛教刊物，原也是對僧青年精神訓練的最好方法，但歷年來從事佛教刊物的工作者，很少能向建設方面去努力，只是做些過激言論的破壞工作，所以給予僧青年的只是一種對現實佛教不滿的心理，而不能達到對僧青年的主義思想訓練和意志訓練的目的。今後呢？我以為不需要明顯標榜的組織什麼精神訓練班；唯有一方面希望佛教刊物能改變方針，向這上面努力；另一方面，希望你們有志的僧青年，能夠集合十個或二十個——不必太多或太少——志同道合的同志，互相切磋研討，比由我們出來組織的被動式的訓練之效力，是要大得多了。希望你們多多努力！」

關於我們僧青年本身問題的談話，似乎是告一段落了。於是達居就把談話的範圍擴大：「新佛教運動已經有三十年的歷史，但還沒有成功，是誰也不能否認的；這失敗的癥結是在那兒呢？記得我們在覺津寺時，大醒法師曾對我們說：『中國佛教，只要有十個有為的僧伽能真誠合作，就有辦法！』這話的反面好像道出了新佛教運動工作者的不能真誠團結底毛病，致弄到中國的佛教沒辦法。這種說法是否有充分的理由？請教大師又有什麼辦法補救？」

「新佛教運動——即佛教革命——失敗的原因是很多的，而大家不能精誠團結，確是佔了主要的成分。一方面因為沒有一個嚴密組織的團體來維繫大家的精神，而最大的緣故還是大家都沒有統一的主義思想，所以精神渙散，不能團結。說到補救的辦法，唯有希望大家以後都向統一思想、集中意志的路上走！」大師頗有不勝感慨之意，對於這問題好像很不願意多所發表，於是妙欽就把話題轉到另一方面去：

「從大師這回訪問考察的所得看來，各佛教國的佛教制度，有什麼長處可為將來革興中國佛教的借鏡呢？」

「整個的都搬到中國來的適宜的制度是沒有的；有些部分足堪我們採取者，實在不少，尤其是錫蘭佛教徒實行大乘行，辦理社會、慈善、教育事業的精神，更值得我們效法。說到大乘和小乘，中國佛教徒向來高談大乘道理，而實際的行為大都是小乘行；錫蘭雖只談小乘理，而所作所為卻是大乘行。佛教辦的醫院等等慈善機關姑且勿論，就是全國的學校，幾乎都是佛教辦的，僧人自充教員，全國人民受的都是佛教的教育，社會一般人士對於佛教的認識與信仰非常深固，僧人在社會上地位很高，所以錫蘭佛教的基礎非常穩固。以後我們中國的佛教，不應專在理論上空談大乘，應該要效法錫蘭佛教，實地的去實踐大乘的行願。日本佛教，原也有辦理社會事業大乘精神的表現，但佛徒從不能嚴持戒律，沒有住持佛教的僧寶，所以日本佛教的前途未可樂觀。至於暹羅和緬甸的佛教，現在因為人民教育已脫離了佛教寺院，即辦理其他社會事業亦不如錫蘭之盛，人民對佛教已漸淡其信仰；故暹、緬的佛教，假使不經一番適當的改進，則現在唯有帝王或執政者的擁護，將來必趨衰敗無疑！」

「以大師這回訪問的觀感說來，中國的佛教和政治應該合一或分離？」妙欽又問。

「政教分合，原是沒有一定的好壞。譬如錫蘭、緬甸、暹羅、西藏等處，他們在沒有佛教之前，都無原有的文化學術，故佛教就是他們的文化學術；同時人民的宗教信仰濃厚，所以他們主教者就是執政者，『政教合一』在他們的情形下說來是很好的。至於中國，文化學術很複雜，人民宗教信仰並不濃厚，而且在佛教輸入之先已有齊家、治國、平天下的學術文化，並不需要佛教來參加政治，所以還是政教分開好。我一向主張：裁減僧數，提高僧格。這少數有高深智學的僧人，站於超然的地位，專門作些弘揚佛法、辦理社會公益的事業。既不障礙於行政，且可補助政治之所不及；政治方面則負保護佛教的責任。如是，政教不合一，亦不是截然無關係；這種不即不離、相互裨益的政教關係，是最切合於中國的環境和情形的。」

剛說到這兒，侍役進來報告：雲南省佛會執監會議的開會時間已經到了。於是大師就作個最後的叮囑：「希望你們在研究教理之暇，多多互相作些思想認識上的切磋，以為將來為佛教犧牲奮鬥的準備！」大師說是語已，我們皆大歡喜，作禮而退。

回到了寢室，大家互相勉勵的說著：「今晚親聆了大師法誨，我們應該要信受奉行！」

二十九年六月六日整理於漢院自修室

（妙欽、達居、白慧、松慧記）

《覺音》第十七期一九四〇年九月

後記

太虛大師為近代佛教史上影響最為深遠之偉大人物，其著作不僅量多，且深細龐雜，關涉之層面甚夥。今僅選取重要而影響深遠，並較能彰顯大師性情、志向、精神之代表數篇，以略呈一代宗師之風貌。而有關各宗大義、各經講要、判教細文、專書、訪談、書信、會議、教育、序跋等等，則予割愛。

本集所選以大師有關僧制、中國佛教、判教、人生佛教、菩薩行與〈志行自述〉、漢藏教理院與《海潮音》、對世界之觀感、時局及有關青年等項，各擇一至數篇，試呈大師精神。

在大師有關僧制改革的作品中，最早的《僧伽制度論》，及其後的「僧制今論」、「建僧大綱」，都一再因為建僧不易而有所更易，五十二歲（民國二十九年）時之〈我的佛教改進運動略史〉，則為晚年建僧之定論。〈告徒眾書〉（民國十六年）則指出佛教運動之重要危機為：「俗之僧奪」與「僧之俗變」，而須重新建立「三寶觀」。

有關中國佛教之意見，以〈震旦佛教衰落之原因論〉（民國三年）及〈建設現代中國佛教談〉（民國二十四年）為代表。另者，佛法之判攝問題，大師之觀點萌芽於民國十二、三年，迨歐美弘化歸來之後，完成對於佛法判攝之最後定論，此即〈我怎樣判攝一切佛法〉（民國二十九年），此論影響深遠。

〈佛之修學法〉（民國十六年）中，幾乎包含了大師對佛法之重要意見。〈佛陀學綱〉（民國十七年）雖簡單，實大師思想之綜匯。

人生佛教為大師夙所提倡，而其主要之論點，均不出乎民國十七年之〈人生佛學的說明〉一講中。另附之〈即人成佛之真現實論〉（民國二十七牛），可藉以明白人生佛教之大要內容。〈從巴利語系佛教說到今菩薩行〉（民國二十九年）則為大師訪問南方佛教國之觀感，而建議由「行」上來重新界定大、小乘。

〈志行自述〉（民國十三年）為大師略述其志向：「志在整興佛教僧（住持僧）會（正信會），行在瑜伽菩薩戒本。」並加以分述者。住持僧（出家眾）與正信會（在家眾），一直是大師集眾的兩個核心。〈本人在佛法中之意趣〉（民國二十四年，〈優婆塞戒經講錄〉懸論之三）則為大師甚具意義之自白，即自謂「非佛書研究之學者」、「不為專承一宗之徒裔」、「無求即時成佛之貪心」、「為學菩薩發心修行者」等。〈我的宗教經驗〉（民國二十九年）則簡述出家因緣，及所經歷之三次定境。

〈世界佛學苑漢藏教理院緣起〉等四篇短文，在追索大師理想學苑之形象。〈海刊宣言〉則陳述海刊之宗旨「發揚大眾佛法真義，應導現代人心正思」。

〈寰遊之動機與感想〉（民國十八年）為顯示大師旅遊世界之足跡及感受。大師原有「寰遊記」，因篇幅所限，以此文代替。大師之寰遊，除了廣見聞、拓胸襟之外，還見訪了當時許多名人，接觸了各世界性組織，並博得良好之友誼與聲望，對往後之佛教運動，實有深遠之影響。

〈上國民會議代表諸公意見書〉（民國二十年）為大師多年奔走抵制「廟產興學」之一代表作，並因而影響國府，公布：「以後無論軍警，以及機關團體個人等，如有侵奪佔用佛寺僧產者，概依法律辦理。」其影響不可謂不大，亦實可見大師關心教界之一端，可作為大師留心時局之代表。

〈對大師學生會籌備員之訓勉〉（民國三十一年）為大師對其學生之要求，亦極適合今日佛子之自我要求；〈現代青年與佛教之關係〉，則為大師對青年的深切期許。末附釋妙欽、白慧等人訪大師之〈由青年路向問到佛教革興〉，對青年佛子多所建議，即在今日讀之，亦富深意！

FOR2 50
現代佛法十人── 二
佛教的改革者　太虛

系列主編　洪啟嵩、黃啟霖
責任編輯　Y.T.CHEN、Y.A. HUANG
校對　呂佳真、翁淑靜、吳瑞淑、郭盈秀
美術設計　林育鋒
內文排版　何萍萍、薛美惠、許慈力

出版　英屬蓋曼群島商網路與書股份有限公司台灣分公司
發行　大塊文化出版股份有限公司
台北市 105022 南京東路四段 25 號 11 樓
www.locuspublishing.com
TEL: (02)8712-3898　FAX: (02)8712-3897
讀者服務專線：0800-006689
郵撥帳號：18955675　戶名：大塊文化出版股份有限公司
法律顧問　董安丹律師、顧慕堯律師

總經銷　大和書報圖書股份有限公司
地址：新北市 24890 新莊區五工五路 2 號
TEL: (02)8990-2588　FAX: (02)2290-1658
製版　瑞豐實業股份有限公司

ISBN：978-986-06615-9-0
初版一刷：2021 年 11 月
定價：新台幣 380 元

佛教的改革者 太虛 / 洪啟嵩, 黃啟霖主編 . -- 初版 . -- 臺北市 : 英屬蓋曼群島商網路與書股份有限公司臺灣分公司出版 : 大塊文化出版股份有限公司發行, 2021.11
面； 公分 . -- (For2 ; 50)(現代佛法十人)
ISBN 978-986-06615-9-0(平裝)
1. 釋太虛 2. 學術思想 3. 佛教
220.9207　110014036